Mapeamento Mental para Mulheres com TDAH adulto

Aproveitando todo o Potencial do seu cérebro e Capacitando sua Jornada de TDAH

MARGOT PEARSON

Índice

Introdução

Mensagem de boas-vindas

Bem-vindo ao "Mapeamento mental para mulheres com TDAH adulto: aproveitando todo o potencial do seu cérebro e capacitando sua jornada com TDAH". Este livro é um trabalho de amor, nascido de minhas próprias experiências e lutas contra o TDAH. Espero sinceramente que, através destas páginas, você encontre as ferramentas e a inspiração necessárias para navegar em sua jornada de TDAH com confiança e clareza. Quer você tenha sido diagnosticado recentemente ou viva com TDAH há anos, este livro tem como objetivo fornecer estratégias práticas, incentivo sincero e uma comunidade de apoio.

Breve introdução ao propósito do livro

O objetivo deste livro é capacitar mulheres com TDAH, apresentando-lhes a poderosa ferramenta de mapeamento mental. O mapeamento mental não é apenas uma técnica; é uma forma transformadora de pensar que pode ajudá-lo a organizar seus pensamentos, administrar seu tempo e alcançar seus objetivos. Para mulheres com TDAH, que muitas vezes lidam com múltiplos papéis e responsabilidades, o mapeamento mental oferece um método estruturado, porém flexível, para aproveitar todo o potencial de nossos cérebros únicos.

Este livro foi projetado para:

- Eduque você sobre o TDAH e seu impacto nas mulheres
- Explique o conceito e os benefícios do mapeamento mental
- Fornece aplicações práticas de mapeamento mental em vários aspectos da vida
- Compartilhe histórias de sucesso da vida real de mulheres que se beneficiaram com mapas mentais
- Ofereça orientação passo a passo para ajudá-lo a iniciar e manter sua prática de mapeamento mental

Ao final deste livro, você terá uma compreensão abrangente de como usar o mapeamento mental para melhorar sua vida diária, aumentar sua produtividade e melhorar seu bem-estar emocional e mental.

A jornada do autor com TDAH

Fui diagnosticado com TDAH aos trinta e poucos anos, depois de anos sentindo como se estivesse nadando constantemente contra a maré. O diagnóstico foi um alívio e uma revelação. Explicou muito sobre minhas lutas com gerenciamento de tempo, organização e foco. No entanto, ele também trouxe seu próprio conjunto de desafios. Tive que aprender a navegar em um mundo que não foi projetado para o modo como meu cérebro funcionava.

Minha jornada com o TDAH tem sido de auto descoberta e crescimento. Experimentei várias estratégias e ferramentas para controlar meus sintomas e foi durante essa exploração que me deparei com o mapeamento mental. Inicialmente, era apenas uma forma divertida e criativa de fazer anotações, mas logo percebi seu profundo impacto na minha capacidade de organizar pensamentos, planejar projetos e reduzir a sobrecarga. O mapeamento mental tornou-se a base da minha rotina diária, ajudando-me a aproveitar os pontos fortes do meu cérebro com TDAH, em vez de lutar contra ele.

Através deste livro, quero compartilhar os insights e técnicas que ajudaram a mim e a muitas outras mulheres como eu. Meu objetivo é fornecer a você um recurso que não apenas aborde os aspectos práticos do gerenciamento do TDAH, mas também celebre a criatividade, a resiliência e as perspectivas únicas que o acompanham.

Importância do mapeamento mental para mulheres com TDAH

As mulheres com TDAH frequentemente enfrentam desafios únicos que podem impactar todos os aspectos de suas vidas. Estes desafios podem incluir a gestão das responsabilidades domésticas, o equilíbrio entre trabalho e família, lidar com as expectativas da sociedade e manter o bem-estar pessoal. As ferramentas e métodos organizacionais tradicionais muitas vezes ficam aquém, levando à frustração e a uma sensação de inadequação.

O mapeamento mental oferece uma maneira dinâmica e visualmente envolvente de enfrentar esses desafios. Veja por que o mapeamento mental é particularmente benéfico para mulheres com TDAH:

1. **Organização Visual**: Os cérebros com TDAH costumam ser mais orientados visualmente. Os mapas mentais usam cores, imagens e relações espaciais para representar informações, facilitando o processamento e a recuperação.

2. **Estrutura Flexível**: Ao contrário das listas e contornos lineares, os mapas mentais permitem o pensamento não linear. Essa

flexibilidade é perfeita para o cérebro com TDAH, que muitas vezes salta de ideia em ideia.

3. **Visão holística**: os mapas mentais fornecem uma visão panorâmica das informações, ajudando você a ver conexões e relacionamentos entre diferentes informações. Essa perspectiva holística pode reduzir sentimentos de sobrecarga e aumentar a clareza.

4. **Expressão criativa**: O mapeamento mental explora seu lado criativo, fazendo com que o planejamento e a organização pareçam mais um projeto de arte do que uma tarefa árdua. Essa saída criativa pode ser terapêutica e motivadora.

5. **Costumização**: Os mapas mentais podem ser adaptados para atender ao seu estilo e necessidades pessoais. Quer prefira ferramentas digitais ou caneta e papel, você pode personalizar seus mapas mentais de acordo com suas preferências.

6. **Foco aprimorado**: O processo de criação de um mapa mental requer envolvimento ativo, o que pode ajudar a melhorar o foco e a concentração. Ele divide as tarefas em partes

gerenciáveis, tornando mais fácil manter o controle.

Compreendendo o TDAH em mulheres

Visão geral do TDAH

O Transtorno de Déficit de Atenção e Hiperatividade (TDAH) é um transtorno do neurodesenvolvimento caracterizado por padrões persistentes de desatenção, hiperatividade e impulsividade. Embora o TDAH seja comumente associado a crianças, também afeta milhões de adultos em todo o mundo. O TDAH se manifesta de maneira diferente em cada indivíduo e seus sintomas podem variar bastante.

O TDAH é frequentemente classificado em três tipos:

1. **Apresentação predominantemente desatenta**: Dificuldade em manter a atenção, realizar tarefas e organizar atividades.
2. **Apresentação predominantemente hiperativa-impulsiva**: Hiperatividade,

impulsividade e dificuldade em ficar parado ou esperar pela vez.

3. **Apresentação Combinada**: Uma combinação de sintomas de desatento e hiperativo-impulsivo.

Desafios únicos enfrentados por mulheres com TDAH

As mulheres com TDAH enfrentam frequentemente desafios únicos que nem sempre são reconhecidos ou compreendidos. Esses desafios podem impactar vários aspectos da vida, incluindo relacionamentos pessoais, carreira e saúde mental. Alguns dos principais desafios incluem:

1. **Diagnóstico Tardio**: Muitas mulheres são diagnosticadas com TDAH mais tarde na vida, muitas vezes após anos de luta contra os sintomas. Este diagnóstico tardio pode levar a sentimentos de frustração e perda de oportunidades de apoio.

2. **Estratégias de Mascaramento e Compensação**: Mulheres com TDAH costumam mascarar seus sintomas e desenvolver estratégias compensatórias para lidar com a vida diária.

Embora essas estratégias possam ser eficazes, elas também podem ser exaustivas e levar ao esgotamento.

3.   **Expectativas Sociais**: As expectativas sociais e os papéis de género podem aumentar a pressão sobre as mulheres com TDAH. A expectativa de administrar as responsabilidades domésticas, cuidar dos filhos e deveres profissionais pode ser esmagadora, levando ao aumento do estresse e da ansiedade.

4.   **Regulação Emocional**: Mulheres com TDAH podem apresentar maior sensibilidade emocional e dificuldade em regular as emoções. Isso pode levar a alterações de humor, ansiedade e depressão, o que pode complicar ainda mais os sintomas de TDAH.

5.   **Autoestima e Identidade**: Lutar contra os sintomas de TDAH e as expectativas sociais pode afetar a autoestima e a identidade própria. As mulheres podem sentir-se inadequadas ou comparar-se constantemente com os outros, levando a uma autoimagem negativa.

O poder da auto aceitação e autoconsciência

A autoaceitação e a autoconsciência são componentes cruciais no gerenciamento do TDAH e na vida plena. Aceitar o seu TDAH e compreender como ele o afeta pode capacitá-lo a desenvolver estratégias que funcionem para o seu cérebro único.

1.   **Auto aceitação**: Aceitar seu TDAH significa reconhecer que ele faz parte de quem você é e não define seu valor ou capacidades. Envolve abandonar a ideia de ser "perfeito" e, em vez disso, concentrar-se nos seus pontos fortes e nas qualidades únicas que o TDAH traz à sua vida. A auto aceitação pode reduzir sentimentos de vergonha e culpa e permite que você enfrente os desafios com uma mentalidade mais positiva e compassiva.

2.   **Autoconsciência**: A autoconsciência envolve a compreensão de como o TDAH afeta seu comportamento, emoções e interações com o mundo. Ao tornar-se mais consciente dos seus gatilhos, pontos fortes e áreas que precisam de apoio, você pode desenvolver estratégias eficazes para controlar os seus sintomas. O mapeamento mental é uma excelente ferramenta para aumentar a autoconsciência, pois ajuda a visualizar e organizar seus pensamentos e emoções.

3. **Construindo um Sistema de Apoio**: Cercar-se de uma rede de apoio de amigos, familiares e profissionais pode fazer uma diferença significativa no gerenciamento do TDAH. Grupos de apoio, terapia e coaching podem fornecer informações valiosas, incentivo e conselhos práticos.

4. **Desenvolvendo estratégias de enfrentamento**: Com autoaceitação e autoconsciência, você pode desenvolver estratégias de enfrentamento personalizadas que se alinhem com seus pontos fortes e necessidades. Essas estratégias podem incluir técnicas de gerenciamento de tempo, práticas de atenção plena e saídas criativas, como mapas mentais.

5. **Abraçando seu cérebro único**: O TDAH vem com seu próprio conjunto de pontos fortes, como criatividade, habilidades de resolução de problemas e capacidade de pensar fora da caixa. Adotar esses pontos fortes e usar ferramentas como mapeamento mental pode ajudá-lo a aproveitar todo o potencial do seu cérebro e transformar desafios em oportunidades de crescimento.

Neste livro, exploraremos como o mapeamento mental pode ser uma ferramenta poderosa para aumentar a autoconsciência, organizar seus pensamentos e gerenciar os desafios únicos do TDAH. Ao combinar a autoaceitação com estratégias práticas, você pode criar uma vida que não é apenas administrável, mas também gratificante e fortalecedora.

Juntos, navegaremos pelas complexidades do TDAH, celebraremos os pontos fortes que ele traz e capacitamos você para viver da melhor maneira possível. Bem-vindo à sua jornada de autodescoberta e capacitação. Vamos começar esta aventura juntos.

Parte 1

Compreendendo o mapeamento mental

Capítulo 1

O que é mapeamento mental?

Definição e História

O mapeamento mental é uma ferramenta de pensamento visual que ajuda a organizar informações, pensamentos e ideias de maneira estruturada, porém flexível. Envolve a criação de um diagrama onde um conceito ou tópico central é colocado no meio, com relações subtópicos ramificando-se radialmente. Cada subtópico pode se ramificar em seus próprios subtópicos, formando uma teia de ideias interconectadas. Este método utiliza a maneira natural do cérebro de processar informações por meio de associações e imagens visuais, facilitando a compreensão e a lembrança de conceitos complexos.

O conceito de mapeamento mental foi popularizado por Tony Buzan, autor e consultor educacional britânico, na década de 1970. O trabalho de Buzan foi fortemente influenciado por seu interesse no funcionamento do cérebro humano e em como ele processa informações. Ele observou que os métodos tradicionais de tomada de notas eram muitas vezes lineares e restritivos, não conseguindo explorar todo o potencial do cérebro. Inspirado pelas capacidades associativas e imaginativas do cérebro, Buzan desenvolveu o mapeamento mental como uma técnica para melhorar a aprendizagem, a memória e a criatividade.

Embora Buzan seja amplamente reconhecido por formalizar o mapeamento mental, a prática em si tem raízes na história antiga. Figuras históricas como Leonardo da Vinci e Albert Einstein empregaram métodos semelhantes para organizar visualmente seus pensamentos e ideias. Esses primeiros mapas mentais, embora não sejam chamados como tal, eram usados para debater ideias, resolver problemas e dar sentido a informações complexas.

Benefícios do mapeamento mental

O mapeamento mental oferece uma infinidade de benefícios, especialmente para indivíduos com TDAH. Essas vantagens fazem dele uma ferramenta poderosa para melhorar diversos aspectos da vida, desde a organização pessoal até a produtividade profissional. Aqui estão alguns dos principais benefícios:

1. **Memória e recall aprimorados**

   o Os mapas mentais envolvem múltiplas áreas do cérebro, facilitando a codificação e a recuperação de informações. O uso de cores, imagens e arranjos espaciais ajuda a criar imagens mentais fortes, que são mais memoráveis do que as notas tradicionais baseadas em texto. Isto pode ser particularmente benéfico para indivíduos com TDAH, que muitas vezes têm dificuldades com a memória e a recordação.

2. Organização Melhorada

o O mapeamento mental fornece uma maneira clara e intuitiva de organizar informações. Ao expor visualmente as ideias e suas relações, você pode ver tanto o quadro geral quanto os detalhes mais sutis simultaneamente. Essa visão holística pode ajudar na compreensão de assuntos complexos e na identificação de conexões entre diferentes informações.

3. Criatividade impulsionada

o A natureza visual e de forma livre do mapeamento mental incentiva o pensamento criativo e a exploração. Ao contrário das anotações lineares, o mapeamento mental permite alternar entre ideias, fazer novas conexões e gerar soluções inovadoras. Esta liberdade criativa pode ser particularmente valiosa para indivíduos com TDAH, que muitas vezes têm uma imaginação rica e padrões de pensamento não convencionais.

4. **Maior foco e concentração**

- ○ Criar um mapa mental requer envolvimento ativo, o que pode ajudar a melhorar o foco e a concentração. O processo de dividir as informações em partes gerenciáveis torna mais fácil permanecer concentrado na tarefa e reduz a sensação de sobrecarga. Para indivíduos com TDAH, que podem ter dificuldade em manter o foco, isso pode mudar o jogo.

5. **Resolução eficiente de problemas**

- ○ Os mapas mentais facilitam uma visão abrangente dos problemas e soluções potenciais. Ao mapear visualmente o problema e seus fatores relacionados, você pode explorar diferentes ângulos e identificar soluções eficazes com mais rapidez. Isso pode melhorar as habilidades de tomada de decisão e resolução de problemas, que muitas vezes são áreas de dificuldade para pessoas com TDAH.

6. **Comunicação aprimorada**

   o Os mapas mentais podem ser uma excelente ferramenta para transmitir informações complexas de forma clara e concisa. Eles fornecem um resumo visual que pode ser facilmente compreendido por outras pessoas, facilitando o compartilhamento de ideias e a colaboração. Isto pode ser particularmente útil em ambientes de equipe, onde uma comunicação clara é essencial.

7. **Aprendizagem Personalizada**

   o O mapeamento mental permite que você adapte seus métodos de anotações e processamento de informações de acordo com seu estilo de aprendizagem individual. Quer prefira usar recursos visuais, palavras-chave ou notas detalhadas, você pode criar mapas mentais que se alinhem com suas preferências e necessidades. Essa personalização pode tornar o aprendizado mais eficaz e agradável.

8.   **Redução do estresse**

○ O ato de criar um mapa mental pode ser calmante e terapêutico. Proporciona uma sensação de ordem e clareza, ajudando a reduzir a ansiedade e o estresse. Ao organizar visualmente seus pensamentos, você pode compreender melhor suas prioridades e tarefas, facilitando o gerenciamento de seu tempo e responsabilidades. Para as mulheres com TDAH, que muitas vezes lidam com vários papéis e enfrentam pressões constantes, esta redução do estresse pode ser extremamente benéfica.

Capítulo 2

Como funciona o mapeamento mental

A ciência por trás do mapeamento mental

O mapeamento mental está enraizado na neurociência cognitiva, aproveitando as funções naturais do cérebro para melhorar a compreensão, a memória e a criatividade. Aqui está uma visão mais detalhada da ciência por trás disso:

1. **Hemisférios Cerebrais**

   - O cérebro humano é dividido em dois hemisférios: o esquerdo e o direito. O hemisfério esquerdo está associado ao pensamento lógico, analítico e sequencial, enquanto o hemisfério direito está ligado à criatividade, imaginação e pensamento holístico. Os métodos tradicionais de anotações geralmente envolvem apenas o hemisfério esquerdo. Em contraste, o mapeamento mental ativa ambos os hemisférios, promovendo uma abordagem equilibrada e integrada ao processamento de informação. Este duplo envolvimento melhora a aprendizagem e a retenção.

2. **Associação e Conexão**

○ O cérebro processa informações por meio de associações. Quando novas informações estão vinculadas ao conhecimento existente, elas são mais facilmente lembradas e compreendidas. O mapeamento mental imita esse processo natural, criando conexões visuais entre conceitos. Cada ramo e sub-ramo representam uma associação diferente, ajudando a reforçar estas ligações e a melhorar a recordação.

3. **Processamento Visual e Espacial**

○ O cérebro é altamente adepto do processamento de informações visuais e espaciais. Imagens, cores e arranjos espaciais são mais memoráveis do que texto simples porque envolvem o córtex visual do cérebro. Os mapas mentais aproveitam isso incorporando elementos visuais, tornando as informações mais envolventes e fáceis de lembrar.

4. **Informações fragmentadas**

- A psicologia cognitiva sugere que o cérebro pode lidar com a informação de forma mais eficaz quando ela é dividida em pedaços gerenciáveis. O mapeamento mental segmenta naturalmente as informações em unidades pequenas e interconectadas, tornando tópicos complexos mais digeríveis e menos opressores.

5. **Memória de trabalho**

- A memória de trabalho é responsável por reter e manipular temporariamente as informações. Desempenha um papel crucial em tarefas que exigem foco, organização e resolução de problemas. O mapeamento mental reduz a carga cognitiva ao organizar as informações visualmente, o que ajuda a liberar memória de trabalho e melhorar a concentração e a produtividade.

Como isso envolve o cérebro com TDAH

O mapeamento mental é particularmente eficaz para indivíduos com TDAH porque se alinha com seus pontos fortes cognitivos e aborda desafios comuns. Veja como o mapeamento mental envolve o cérebro com TDAH:

1. **Estimulação Visual**

   - O cérebro com TDAH muitas vezes anseia por estimulação visual e sensorial. Os mapas mentais fornecem uma experiência visual rica por meio do uso de cores, imagens e arranjos espaciais. Essa estimulação visual ajuda a manter o interesse e o envolvimento, facilitando o foco na tarefa em questão.

2. **Pensamento Não Linear**

   - Pessoas com TDAH tendem a pensar de maneira associativa e não linear. Os métodos tradicionais de anotações lineares podem parecer restritivos e contraproducentes. O mapeamento mental abraça esse pensamento não linear, permitindo que as ideias fluam livre e organicamente. Essa flexibilidade ajuda os indivíduos com TDAH a organizar seus pensamentos de uma forma que faça sentido para eles.

3. **Engajamento Ativo**

o Criar um mapa mental é um processo ativo que requer participação e criatividade. Esse envolvimento ativo ajuda a melhorar o foco e a concentração, que muitas vezes são áreas de dificuldade para quem tem TDAH. O processo de desenhar ramos, adicionar cores e incorporar imagens mantém a mente engajada e reduz as distrações.

4. **Dividindo Tarefas**

o Um dos desafios comuns para indivíduos com TDAH é dividir grandes tarefas em etapas menores e gerenciáveis. O mapeamento mental segmenta naturalmente as informações em unidades menores, tornando mais fácil lidar com tarefas e projetos complexos. Essa abordagem estruturada pode reduzir a sensação de sobrecarga e aumentar a produtividade.

5. **Melhorando a memória e a recuperação**

o O TDAH geralmente traz desafios relacionados à memória e à recordação. A natureza visual e associativa dos mapas mentais ajuda a reforçar as conexões entre ideias, melhorando a memória de curto e longo prazo. O uso de palavras-chave, imagens e cores cria fortes pistas mentais que auxiliam na recuperação de informações.

6. **Reduzindo a sobrecarga**

   - O cérebro com TDAH pode facilmente ficar sobrecarregado por muita informação ou ambientes desordenados. Os mapas mentais fornecem uma maneira clara e organizada de visualizar informações, reduzindo a confusão mental. Ao apresentar informações de maneira concisa e visualmente atraente, os mapas mentais ajudam a criar uma sensação de ordem e controle.

7. **Estimulando a Criatividade**

   - Indivíduos com TDAH geralmente possuem altos níveis de criatividade e pensamento inovador. O mapeamento mental explora essa criatividade, permitindo a expressão de forma livre e a exploração de ideias. Esta saída criativa pode ser ao mesmo tempo motivadora e terapêutica, proporcionando uma forma positiva de canalizar energia e ideias.

8.   **Personalização**

- ○ Os mapas mentais podem ser adaptados às preferências e necessidades individuais. Quer você prefira ferramentas digitais ou caneta e papel, você pode personalizar seus mapas mentais com cores, imagens e layouts que lhe agradam. Essa personalização torna o mapeamento mental uma ferramenta flexível e adaptável que pode evoluir de acordo com as mudanças nas suas necessidades.

Capítulo 3

Ferramentas e técnicas

Materiais necessários para mapeamento mental

Começar com o mapeamento mental requer materiais mínimos e você pode escolher entre ferramentas tradicionais e digitais com base em sua preferência. Aqui está uma lista de itens essenciais:

1. **Papel**:

   - **Papel em branco**: Folhas em branco oferecem flexibilidade para expandir seu mapa mental sem restrições.
   - **Caderno**: Um caderno dedicado ao mapeamento mental pode ajudá-lo a manter suas ideias organizadas em um só lugar.

2. **Instrumentos de escrita**:

   - **Canetas e lápis**: Use uma variedade de canetas e lápis para escrever e desenhar. Lapiseiras são ótimas para detalhes mais sutis.

- Marcadores e marcadores coloridos: as cores podem ajudar a diferenciar os ramos e destacar pontos importantes, tornando seu mapa mental mais atraente visualmente e mais fácil de entender.

3. **Extras**:

- **Lembretes**: Útil para adicionar ideias que podem ser movidas à medida que seu mapa mental evolui.
- **Estênceis e Réguas**: embora não sejam necessários, eles podem ajudar a criar mapas mais limpos e estruturados se você preferir uma aparência mais refinada.

Várias ferramentas e aplicativos de mapeamento mental

Com o avanço da tecnologia, inúmeras ferramentas e aplicativos digitais estão disponíveis que podem aprimorar a experiência de mapeamento mental. Aqui está uma visão geral de algumas opções populares:

1. **MindMeister**

- **Visão geral**: MindMeister é uma ferramenta online de mapeamento mental que permite criar, compartilhar e colaborar em mapas mentais. Ele oferece uma interface amigável com uma variedade de modelos e opções de personalização.
- **Características principais**: Colaboração em tempo real, integração com outras ferramentas como Google Drive e Slack e uma biblioteca de modelos pré-fabricados.
- **Melhor para**: Projetos colaborativos, planejamento de negócios e fins educacionais.

2. **XMind**

- **Visão geral**: XMind é um software versátil de mapeamento mental disponível para desktops e dispositivos móveis. Ele oferece uma variedade de recursos para a criação de mapas mentais detalhados e visualmente atraentes.
- **Características principais**: Gráficos de Gantt para planejamento de projetos, modos de brainstorming e várias opções

de exportação (por exemplo, PDF, Word, PowerPoint).

- o **Melhor para**: Gerenciamento abrangente de projetos, planejamento individual e apresentações profissionais.

3. **Mente simples**

- o **Visão geral**: SimpleMind é uma ferramenta intuitiva de mapeamento mental disponível em várias plataformas, incluindo Windows, Mac OSX, iOS e Android. Ele se concentra na simplicidade e facilidade de uso.
- o **Características principais**: sincronização entre plataformas, várias opções de layout e capacidade de adicionar mídia (por exemplo, imagens, vídeos).
- o **Melhor para**: Organização pessoal, sessões de brainstorming e anotações acadêmicas.

4. **Coggle**

- o **Visão geral**: Coggle é uma ferramenta de mapeamento mental online que enfatiza a colaboração e a simplicidade. É baseado na web, tornando-o acessível a partir de qualquer dispositivo com conexão à internet.

- o **Características principais**: Colaboração em tempo real, rastreamento de histórico de versões e fácil compartilhamento por meio de links.
- o **Melhor para**: Projetos em equipe, brainstorming rápido e visualização de informações complexas.

5. **iMindMap (agora Ayoa)**

- o **Visão geral**: Desenvolvido por Tony Buzan, o iMindMap (agora parte da Ayoa) oferece um conjunto abrangente de ferramentas para mapeamento mental e gerenciamento de tarefas. Combina mapeamento visual com quadros de tarefas e recursos de colaboração.
- o **Características principais**: mapas mentais 3D, mapas radiais, gerenciamento de tarefas integrado e integração com outras ferramentas de produtividade.
- o **Melhor para**: Profissionais criativos, equipes que trabalham em projetos complexos e indivíduos que preferem uma abordagem visual ao gerenciamento de tarefas.

6. **MindMup**

- **Visão geral**: MindMup é uma ferramenta on-line gratuita de mapeamento mental que se integra perfeitamente ao Google Drive. Ele oferece uma interface simples com recursos essenciais de mapeamento mental.
- **Características principais**: Integração com o Google Drive, capacidade de publicar mapas online e várias opções de exportação.
- **Melhor para**: Mapas mentais rápidos, para fins educacionais e para aqueles que preferem soluções baseadas em nuvem.

7. **Mente livre**

- **Visão geral**: FreeMind é uma ferramenta de mapeamento mental de código aberto que oferece um conjunto robusto de recursos para a criação de mapas mentais detalhados. Está disponível para Windows, macOS e Linux.
- **Características principais**: Extensas opções de formatação, hiperlinks e capacidade de exportar em vários formatos.

    ○   **Melhor para**: usuários que precisam de uma ferramenta poderosa e gratuita com amplas opções de personalização.

Como escolher a ferramenta certa

A escolha da ferramenta de mapeamento mental certa depende de suas necessidades e preferências específicas. Aqui estão alguns fatores a serem considerados:

1.   **Propósito**: Determine o objetivo principal de seus mapas mentais. São para uso pessoal, projetos profissionais ou esforços colaborativos? Diferentes ferramentas atendem a diferentes necessidades.

2.   **Fácil de usar**: considere seu nível de conforto com a tecnologia. Algumas ferramentas oferecem uma interface simples e intuitiva, enquanto outras fornecem recursos mais avançados que podem exigir uma curva de aprendizado.

3.   **Colaboração**: se você planeja colaborar com outras pessoas, procure ferramentas que ofereçam recursos de colaboração em tempo real e opções fáceis de compartilhamento.

4.   **Customização**: avalie o nível de personalização necessário. Algumas ferramentas

oferecem amplas opções de cores, layouts e mídia, enquanto outras se concentram na simplicidade.

5. **Compatibilidade de plataforma**: certifique-se de que a ferramenta seja compatível com seus dispositivos e sistemas operacionais. Ferramentas multiplataforma podem ser benéficas se você precisar acessar seus mapas mentais em diferentes dispositivos.

6. **Custo**: embora algumas ferramentas sejam gratuitas, outras podem exigir uma assinatura ou compra única. Considere seu orçamento e o valor que a ferramenta oferece.

Ao selecionar os materiais e ferramentas certos, você pode criar mapas mentais eficazes e visualmente envolventes que aumentam sua produtividade e criatividade. Quer você prefira a experiência tátil da caneta e papel ou a flexibilidade das ferramentas digitais, o mapeamento mental pode ser uma adição poderosa ao seu kit de ferramentas de gerenciamento de TDAH. No próximo capítulo, mergulharemos no processo passo a passo de criação do seu primeiro mapa mental, fornecendo dicas práticas e exemplos para ajudá-lo a começar.

Parte 2

Aplicando mapas mentais na vida cotidiana

Capítulo 4

Vida pessoal

O mapeamento mental pode ser uma ferramenta inestimável para gerenciar vários aspectos da sua vida pessoal. Das rotinas diárias ao planejamento de refeições e definição de metas pessoais, os mapas mentais podem ajudá-lo a se manter organizado, focado e produtivo. Neste capítulo, exploraremos como usar o mapeamento mental para agilizar suas atividades diárias e atingir seus objetivos pessoais.

Gerenciando rotinas e tarefas diárias

As rotinas e tarefas diárias podem ser opressoras, especialmente para indivíduos com TDAH que podem ter dificuldades com organização e gerenciamento de tempo. O mapeamento mental pode ajudá-lo a visualizar e estruturar suas tarefas diárias, tornando-as mais gerenciáveis e menos assustadoras.

1. **Criando um mapa de rotina diária**

    o   Comece com um nó central denominado "Rotina Diária".

    o   Divida-se em diferentes categorias, como "Rotina Matinal", "Tarefas da Tarde",

"Rotina Noturna" e "Relaxamento Noturno".

- o Em cada categoria, liste tarefas ou atividades específicas. Por exemplo, em "Rotina matinal", você pode incluir "Acordar", "Exercício", "Banho", "Café da manhã" e "Planejar o dia".
- o Use cores e símbolos para diferenciar tarefas e destacar prioridades.

2. **Visualizando tarefas semanais**

- o Crie um mapa mental separado para tarefas semanais.
- o Comece com um nó central denominado "Tarefas semanais".
- o Divida em dias da semana, por exemplo, "segunda-feira", "terça-feira" etc.
- o Em cada dia, liste as tarefas que precisam ser concluídas, como "Lavanderia", "Compras na mercearia", "Aspiração" e "Descarte de lixo".
- o Atribua cores específicas a cada dia ou tipo de tarefa para tornar o mapa mais atraente visualmente e mais fácil de seguir.

3. **Incorporando estimativas de tempo**

- Adicione durações de tempo estimadas para cada tarefa ou tarefa para ajudar no gerenciamento do tempo.
- Isso pode ser feito incluindo pequenas notas ou ícones ao lado de cada tarefa, indicando quanto tempo levará.
- Essa abordagem ajuda a planejar o seu dia de forma mais eficaz e evita que o tempo se perca em atividades menos importantes.

Planejamento de refeições e compras de supermercado

O planejamento de refeições e compras de supermercado podem se tornar muito mais organizados e eficientes com a ajuda do mapeamento mental. Veja como você pode usar mapas mentais para agilizar esses processos:

1. **Mapa mental de planejamento de refeições**

- Comece com um nó central denominado "Planejamento de refeições".

- Divida-se em diferentes categorias de refeições, como "Café da Manhã", "Almoço", "Jantar" e "Lanches".
- Em cada categoria, liste refeições ou receitas específicas que você planeja preparar para a semana.
- Você pode diversificar cada refeição com os ingredientes necessários, instruções de cozimento e quaisquer notas especiais (por exemplo, restrições ou preferências alimentares).

2. **Lista de compras de supermercado**

- Crie um mapa mental para sua lista de compras de supermercado.
- Comece com um nó central denominado "Compras na mercearia".
- Ramifique-se em diferentes seções do supermercado, como "Produtos", "Laticínios", "Carne", "Itens de despensa" e "Suprimentos domésticos".
- Em cada seção, liste os itens que você precisa comprar.
- Esse método ajuda a visualizar sua lista de compras de forma estruturada,

facilitando a navegação na loja e evitando esquecimentos de itens.

3. Integrando Planos de Refeições e Listas de Compras

- o Combine seu mapa mental de planejamento de refeições com sua lista de compras de supermercado.
- o Comece com um nó central denominado "Refeições e mantimentos semanais".
- o Divida em dias da semana ou categorias de refeições.
- o Em cada dia ou categoria, liste as refeições que você planeja preparar e os ingredientes correspondentes.
- o A partir dos ingredientes, crie ramificações que levem às seções da sua lista de compras.
- o Esta abordagem integrada garante que tem todos os ingredientes necessários para as suas refeições e agiliza a sua experiência de compra.

Definição e acompanhamento de metas pessoais

Definir e acompanhar metas pessoais pode ser desafiador, mas o mapeamento mental pode fornecer uma maneira clara e motivadora de visualizar suas aspirações e progresso.

1. **Mapa mental para definição de metas**

   - Comece com um nó central denominado "Metas Pessoais".
   - Ramifique-se em diferentes áreas da sua vida, como "Saúde", "Carreira", "Educação", "Hobbies" e "Relacionamentos".
   - Em cada área, liste as metas específicas que você deseja alcançar. Por exemplo, em "Saúde", você pode incluir "Faça exercícios 3 vezes por semana", "Coma mais vegetais" e "Medite diariamente".
   - Use cores e imagens para representar cada objetivo, tornando o mapa visualmente envolvente e inspirador.

2. **Dividindo metas**

- Para cada meta, crie sub-ramos que detalham as etapas necessárias para alcançá-la.
- Por exemplo, em "Exercite-se 3 vezes por semana", você pode incluir sub etapas como "Inscreva-se em uma academia", "Crie uma programação de exercícios" e "Acompanhe o progresso".
- Essa abordagem ajuda você a ver as etapas práticas necessárias para atingir seus objetivos e faz com que pareçam mais alcançáveis.

3. Acompanhando o progresso

- Crie um mapa mental para acompanhar seu progresso em cada meta.
- Comece com um nó central denominado "Acompanhamento de metas".
- Divida cada meta que você definiu e, em cada meta, liste os marcos ou pontos de verificação que você precisa alcançar.
- Use símbolos ou cores para indicar seu progresso, como verde para tarefas concluídas, amarelo para tarefas em andamento e vermelho para tarefas que precisam de atenção.

o Atualize regularmente seu mapa mental
para refletir seu progresso e ajuste seus
planos conforme necessário.

4. **Revise e reflita**

o Revise periodicamente seu mapa mental
de definição de metas para refletir sobre
suas conquistas e áreas de melhoria.
o Use um nó central denominado
"Reflexão" com ramificações para
"Conquistas", "Desafios" e "Próximas
etapas".
o Em "Conquistas", liste as metas que você
alcançou e comemore seus sucessos.
o Em "Desafios", anote todos os obstáculos
que você encontrou e considere maneiras
de superá-los.
o Em "Próximas etapas", descreva seus
planos para continuar seu progresso e
definir novas metas.

Ao incorporar o mapeamento mental em sua vida
pessoal, você pode criar uma abordagem visual e
estruturada para gerenciar rotinas diárias, planejamento

de refeições e estabelecimento de metas. Este método não só ajuda você a se manter organizado e focado, mas também potencializa seus pontos fortes criativos, tornando sua jornada pessoal mais agradável e gratificante.

Capítulo 5

Vida profissional

O mapeamento mental é uma ferramenta versátil que pode melhorar significativamente a sua vida profissional, ajudando você a organizar tarefas, aumentar a criatividade e melhorar o gerenciamento do tempo. Neste capítulo, exploraremos como usar o mapeamento mental no local de trabalho para permanecer produtivo, inovador e eficiente.

Organizando tarefas e projetos no trabalho

Em um ambiente profissional, manter-se organizado é fundamental para gerenciar sua carga de trabalho de maneira eficaz. O mapeamento mental pode ajudá-lo a dividir projetos complexos em tarefas gerenciáveis e acompanhar seu progresso.

1. **Mapa mental de gerenciamento de tarefas**

   - Comece com um nó central denominado "Tarefas de trabalho" ou "Nome do projeto".
   - Divida-se em diferentes categorias de tarefas, como "Tarefas Imediatas",

"Próximos Prazos", "Projetos em Andamento" e "Metas de Longo Prazo".

- o Em cada categoria, liste tarefas específicas que precisam ser concluídas. Por exemplo, em "Tarefas Imediatas", você pode incluir "Enviar atualizações por e-mail", "Preparar a agenda da reunião" e "Enviar relatório".
- o Use cores para diferenciar categorias de tarefas e níveis de prioridade.

2. **Planejamento de Projeto**

- o Crie um mapa mental separado para cada projeto importante em que você está trabalhando.
- o Comece com um nó central identificado com o nome do projeto.
- o Ramifique-se em componentes-chave do projeto, como "Pesquisa", "Desenvolvimento", "Teste", "Marketing" e "Lançamento".
- o Em cada componente, liste as tarefas e marcos necessários para concluir aquela fase do projeto.
- o Inclua prazos e membros responsáveis da equipe para cada tarefa para manter todos responsáveis e no caminho certo.

3. **Acompanhamento do progresso**

- o Use mapas mentais para acompanhar o progresso de suas tarefas e projetos.
- o Comece com um nó central denominado "Rastreador de Progresso".
- o Ramifique cada projeto ou categoria de tarefa.
- o Em cada ramo, liste as tarefas e seu status atual (por exemplo, não iniciado, em andamento, concluído).
- o Atualize o mapa mental regularmente para refletir seu progresso e faça os ajustes necessários.

Aumentando a criatividade e o brainstorming

Criatividade e inovação são cruciais em muitas áreas profissionais. O mapeamento mental pode facilitar sessões de brainstorming e ajudá-lo a gerar e organizar ideias de forma eficaz.

1. **Sessões de brainstorming**

- o Comece com um nó central denominado "Sessão de Brainstorming" ou o tópico específico sobre o qual você está fazendo brainstorming.

- Divida-se em diferentes categorias relacionadas ao tópico, como "Ideias", "Desafios", "Soluções" e "Recursos".
- Em cada categoria, adicione sub-ramos para ideias, desafios ou soluções específicas. Por exemplo, em "Ideias", você pode listar diferentes estratégias ou conceitos.
- Incentive o pensamento livre, permitindo que os participantes adicionem ramificações e sub-ramos sem restrições.

2. **Geração de ideias**

- Use mapas mentais para explorar e expandir ideias individuais.
- Comece com um nó central rotulado com a ideia central.
- Ramifique em sub ideias, questões e ações possíveis relacionadas.
- Sob cada sub ideia, liste mais detalhes, resultados potenciais e quaisquer pensamentos adicionais.
- Este método ajuda você a explorar todo o escopo de uma ideia e descobrir novos ângulos e oportunidades.

3. **Mapeamento Mental Colaborativo**

- Aproveite ferramentas de mapeamento mental que permitem a colaboração em tempo real para sessões de brainstorming em equipe.
- Comece com um nó central compartilhado identificado com o tópico do brainstorming.
- Convide os membros da equipe a adicionar filiais e sub filiais com suas ideias e sugestões.
- Use cores e símbolos para representar diferentes colaboradores e categorizar ideias.
- Esta abordagem colaborativa garante que todas as perspectivas sejam consideradas e incentiva o envolvimento da equipe.

Gerenciamento e priorização de tempo

O gerenciamento eficaz do tempo e a priorização são essenciais para o sucesso profissional. O mapeamento mental pode ajudá-lo a alocar seu tempo com sabedoria e priorizar tarefas com eficiência.

1.   **Programações Diárias e Semanais**

- ○ Crie um mapa mental para sua programação diária ou semanal.
- ○ Comece com um nó central denominado "Programação Diária" ou "Programação Semanal".
- ○ Divida em dias da semana ou blocos de tempo específicos (por exemplo, "Manhã", "Tarde", "Noite").
- ○ Em cada ramo, liste as tarefas e atividades planejadas para aquele período. Inclua prazos, reuniões e intervalos.
- ○ Use cores para destacar tarefas e prioridades urgentes.

2.   **Mapeamento de prioridades**

- ○ Use mapas mentais para priorizar suas tarefas e responsabilidades.
- ○ Comece com um nó central denominado "Prioridades".
- ○ Divida em categorias como "Alta Prioridade", "Prioridade Média" e "Baixa Prioridade".
- ○ Em cada categoria, liste as tarefas que se enquadram nesse nível de prioridade.

- o Atribua prazos e tempos estimados de conclusão para cada tarefa para ajudar no gerenciamento do tempo.

3. Bloqueio de tempo

- o Crie um mapa mental para visualizar seus blocos de tempo para diferentes tarefas e atividades.
- o Comece com um nó central denominado "Bloqueio de tempo".
- o Divida-se em diferentes categorias, como "Trabalho", "Reuniões", "Pausas" e "Tempo pessoal".
- o Em cada categoria, liste as tarefas e atividades que você planeja concluir dentro de intervalos de tempo específicos.
- o Este método ajuda a alocar tempo dedicado para um trabalho focado, minimizando distrações e melhorando a produtividade.

4. Mapeamento do cronograma do projeto

- o Use mapas mentais para criar cronogramas e marcos do projeto.
- o Comece com um nó central denominado "Cronograma do Projeto".

- o Ramifique-se em diferentes fases do projeto, como "Planejamento", "Execução", "Revisão" e "Conclusão".
- o Em cada fase, liste as principais tarefas, prazos e marcos.
- o Inclua dependências e caminhos críticos para garantir que você permaneça no caminho certo e cumpra os prazos do projeto.

Ao incorporar o mapeamento mental em sua vida profissional, você pode organizar tarefas e projetos de forma mais eficaz, aumentar a criatividade e melhorar o gerenciamento do tempo. Essa abordagem estruturada, porém flexível, permite visualizar seu trabalho, priorizar tarefas e manter o foco em seus objetivos.

Capítulo 6

Atividades Acadêmicas

O mapeamento mental pode ser uma ferramenta poderosa para estudantes e aprendizes ao longo da vida, melhorando a tomada de notas, o estudo, a redação de redações e a preparação para exames. Neste capítulo, exploraremos como utilizar o mapeamento mental para se destacar em suas atividades acadêmicas.

Técnicas de anotações e estudo

Tomar notas e estudar de forma eficaz são cruciais para o sucesso acadêmico. O mapeamento mental pode transformar a maneira como você captura e analisa informações.

1. **Mapeamento mental para anotações**

   - **Criando Notas:**
     - Comece com um nó central identificado com o tópico ou título da palestra.
     - Divida-se em ideias principais ou seções abordadas na aula ou no material de leitura.

- Em cada ramificação, adicione sub-ramos para obter detalhes específicos, exemplos e pontos-chave.
- Use cores, símbolos e imagens para destacar informações importantes e tornar o mapa mais atraente visualmente.

- **Revendo notas**:
  - Use seus mapas mentais para revisar e reforçar sua compreensão do material.
  - Revise regularmente seus mapas, adicionando novas informações ou esclarecendo pontos conforme necessário.
  - Resuma os conceitos-chave em ramos separados para consolidar seu conhecimento.

2. **Estudando com Mapas Mentais**

- **Organizando Sessões de Estudo**:
  - Crie um mapa mental para organizar suas sessões de estudo.
  - Comece com um nó central denominado "Plano de Estudo".

- Ramifique-se em diferentes assuntos ou tópicos que você precisa estudar.
- Em cada ramo, liste atividades de estudo específicas, como ler capítulos, resolver problemas ou assistir a palestras.
- Atribua horários e prazos a cada atividade para garantir sessões de estudo equilibradas e eficazes.
  - **Visualizando Conexões**:
    - Use mapas mentais para visualizar conexões entre conceitos.
    - Comece com um nó central rotulado com um tópico ou tema amplo.
    - Ramifique-se em subtópicos, teorias ou princípios relacionados.
    - Mostre como diferentes conceitos se inter-relacionam, o que pode melhorar sua compreensão e retenção do material.

Planejando e redigindo ensaios ou relatórios

O mapeamento mental pode agilizar o processo de planejamento, organização e redação de ensaios ou relatórios, facilitando a produção de um trabalho bem estruturado e coerente.

1.   **Planejando seu ensaio ou relatório**

○ **Brainstorming de ideias**:
- Comece com um nó central identificado com o tópico do seu ensaio ou relatório.
- Ramifique-se em diferentes ideias, argumentos ou temas que deseja explorar.
- Sob cada ideia, adicione sub-ramos para pontos de apoio, evidências e exemplos.
- Este processo de brainstorming ajuda você a gerar uma ampla gama de ideias e a escolher as mais atraentes para o seu trabalho.

○ **Estrutura Organizadora**:
- Crie um mapa mental para delinear a estrutura do seu ensaio ou relatório.
- Comece com um nó central denominado "Esboço".
- Divida-se em seções principais, como "Introdução", "Corpo" e "Conclusão".

- ■ Em cada seção, liste os principais pontos que você planeja abordar e a ordem em que aparecerão.
- ■ Este esboço visual ajuda a manter um fluxo lógico e garante que todos os pontos-chave sejam abordados.

2. **Escrevendo o ensaio ou relatório**

- ○ **Seções em desenvolvimento**:
    - ■ Use seu mapa mental como guia para desenvolver cada seção de seu ensaio ou relatório.
    - ■ Comece com a introdução, expandindo os pontos listados em seu mapa mental.
    - ■ Passe para o corpo, usando cada ramo e sub-ramo para estruturar seus parágrafos e apoiar seus argumentos.
    - ■ Conclua resumindo os pontos principais e reforçando sua tese ou propósito.
- ○ **Revisão e edição**:
    - ■ Crie um mapa mental para planejar seu processo de revisão e edição.

- Comece com um nó central denominado "Plano de Revisão".
- Ramifique-se em diferentes aspectos do seu trabalho, como "Conteúdo", "Estrutura", "Gramática" e "Estilo".
- Em cada ramo, liste tarefas específicas para revisar e melhorar seu trabalho, como verificar a clareza, reorganizar seções e corrigir erros.
- Esta abordagem estruturada garante um processo de revisão completo e eficiente.

Preparando-se para exames

A preparação para o exame pode ser estressante, mas o mapeamento mental pode ajudá-lo a organizar seus materiais de estudo, revisar conceitos-chave e reter informações de maneira mais eficaz.

1. **Criação de guias de estudo**

   - **Resumindo o conteúdo**:
     - Comece com um nó central identificado com o assunto ou tópico do exame.

- Ramifique-se nos principais temas ou unidades abordadas no curso.
- Em cada tema, adicione sub-ramos para conceitos-chave, definições, fórmulas e detalhes importantes.
- Use cores e imagens para destacar informações críticas e tornar o guia de estudo mais memorável.

- **Mapeando exames anteriores**:
  - Crie um mapa mental com base em questões ou tópicos de exames anteriores.
  - Comece com um nó central denominado "Exames Anteriores".
  - Divida-se em seções diferentes, cada uma representando um exame anterior ou um conjunto de questões.
  - Em cada seção, liste as perguntas ou tópicos abordados e adicione ramificações para as respostas ou informações relevantes.
  - Essa prática ajuda a identificar padrões e focar nas áreas que provavelmente serão testadas.

2.   **Revisão e retenção de informações**

- ○ **Prática de recall ativo**:
  - ■ Use mapas mentais para praticar a recordação ativa, uma técnica comprovada para melhorar a memória.
  - ■ Comece com um nó central denominado "Revisão".
  - ■ Divida-se em tópicos ou perguntas importantes que você precisa lembrar.
  - ■ Cubra os sub-ramos e tente recuperar as informações da memória antes de verificar a precisão do seu mapa mental.
  - ■ Essa técnica fortalece sua capacidade de recordação e reforça sua compreensão do material.
- ○ **Repetição Espaçada**:
  - ■ Crie um mapa mental para planejar seu cronograma de repetições espaçadas.
  - ■ Comece com um nó central denominado "Repetição Espaçada".

- Divida-se em diferentes sessões de estudo, cada uma representando um intervalo de revisão (por exemplo, um dia, uma semana, um mês).
- Em cada sessão, liste os tópicos ou conceitos que você precisa revisar.
- A repetição espaçada ajuda a reforçar o conhecimento em intervalos ideais, melhorando a retenção a longo prazo.

3. **Testes práticos e simulações**

- **Simulando condições de exame**:
  - Use mapas mentais para criar testes práticos e simular condições de exames.
  - Comece com um nó central denominado "Teste prático".
  - Divida-se em seções diferentes, cada uma representando uma parte do exame (por exemplo, múltipla escolha, redações, resolução de problemas).
  - Em cada seção, liste questões práticas ou problemas.

- Faça o teste prático em condições cronometradas para se acostumar com o formato do exame e melhorar suas habilidades de gerenciamento de tempo.

- **Analisando Desempenho**:

  - Crie um mapa mental para analisar seu desempenho em testes práticos.

  - Comece com um nó central denominado "Análise de Teste".

  - Ramifique-se em diferentes aspectos do seu desempenho, como "pontos fortes", "pontos fracos", "erros comuns" e "áreas para melhoria".

  - Em cada ramo, liste observações e ações específicas que você pode realizar para melhorar seu desempenho.

  - Essa análise ajuda a identificar lacunas em seu conhecimento e a desenvolver estratégias para resolvê-las.

Ao incorporar o mapeamento mental em suas atividades acadêmicas, você pode aprimorar suas técnicas de anotações, estudos, redação e preparação para exames. Essa abordagem visual e estruturada torna o aprendizado mais envolvente e eficaz, ajudando você a alcançar o sucesso acadêmico. Na próxima parte do livro, exploraremos como o mapeamento mental pode ser aplicado ao desenvolvimento pessoal, oferecendo estratégias práticas para ajudá-lo a alcançar uma vida equilibrada e plena.

Parte 3

Desenvolvimento pessoal através de mapas mentais

Capítulo 7

Autocuidado e atenção plena

O autocuidado e a atenção plena são componentes essenciais para manter o bem-estar geral, especialmente para mulheres com TDAH. O mapeamento mental pode ser uma ferramenta poderosa para planejar e monitorar rotinas de autocuidado e monitorar seu humor e gatilhos emocionais. Neste capítulo, exploraremos como incorporar o mapeamento mental em suas práticas de autocuidado e atenção plena.

Usando mapas mentais para planejar rotinas de autocuidado

Criar uma rotina estruturada de autocuidado pode ajudá-lo a priorizar seu bem-estar e garantir que você reserve um tempo para se cuidar em meio às responsabilidades diárias.

1. **Projetando sua rotina de autocuidado**

   o **Criando um mapa de autocuidado**:
   - Comece com um nó central denominado "Rotina de autocuidado".

- Ramifique-se em diferentes categorias de autocuidado, como "Saúde Física", "Saúde Mental", "Bem-estar Emocional", "Conexões Sociais" e "Atividades de Lazer".
- Em cada categoria, liste atividades específicas de autocuidado. Por exemplo, em "Saúde Física", você pode incluir "Exercício", "Alimentação saudável", "Sono" e "Hidratação".
- Use cores e símbolos para diferenciar categorias e destacar atividades que são particularmente importantes para você.

- **Planejamento Diário e Semanal**:
  - Crie filiais separadas para atividades de autocuidado diárias, semanais e mensais.
  - Em "Diariamente", liste atividades como "Alongamento Matinal", "Meditação", "Café da Manhã Saudável" e "Registro no Diário".
  - Em "Semanal", inclua atividades como "Aula de ioga", "Sessão de terapia", "Caminhada pela natureza" e "Encontrar amigos".

- Em "Mensal", você pode listar atividades como "Dia de Spa", "Clube do Livro" e "Reflexão Pessoal".

2. **Definindo metas de autocuidado**

   - **Metas de curto e longo prazo**:
     - Comece com um nó central denominado "Metas de autocuidado".
     - Ramifique-se em "Objetivos de curto prazo" e "Objetivos de longo prazo".
     - Em cada ramo, liste metas específicas. Por exemplo, uma meta de curto prazo pode ser "Exercitar-se 3 vezes por semana", enquanto uma meta de longo prazo pode ser "Correr 5 km".
   - **Etapas da ação**:
     - Para cada objetivo, crie sub-ramos que descrevam as etapas necessárias para alcançá-lo.
     - Por exemplo, em "Exercite-se 3 vezes por semana", você pode incluir etapas como "Inscreva-se em uma academia", "Crie uma

programação de exercícios" e "Acompanhe o progresso".

- Essa abordagem detalhada ajuda você a dividir seus objetivos em tarefas gerenciáveis e a permanecer motivado.

3. Visualizando sua jornada de autocuidado

- Acompanhamento do progresso:
    - Crie um mapa mental para acompanhar seu progresso com atividades e metas de autocuidado.
    - Comece com um nó central denominado "Progresso no autocuidado".
    - Divida em intervalos de tempo diferentes, como "Diário", "Semanal" e "Mensal".
    - Em cada período, liste as atividades que você concluiu e quaisquer observações ou reflexões.

- Use símbolos ou cores para indicar atividades concluídas e marcos alcançados.
  - **Reflexão e Ajuste**:
    - Revise periodicamente seu mapa mental de autocuidado para refletir sobre o que está funcionando e o que precisa de ajustes.
    - Crie um ramo denominado "Reflexão" com sub-ramos para "Sucessos", "Desafios" e "Melhorias".
    - Em "Sucessos", liste as atividades e metas que você alcançou.
    - Em "Desafios", anote quaisquer dificuldades ou barreiras que você encontrou.
    - Em "Melhorias", descreva mudanças ou novas estratégias para melhorar sua rotina de autocuidado.

Rastreando o humor e os gatilhos emocionais

Compreender e gerenciar seu humor e seus gatilhos emocionais é crucial para manter o bem-estar mental e emocional. O mapeamento mental pode ajudá-lo a rastrear padrões e desenvolver estratégias de enfrentamento.

1. **Rastreamento de humor**

- **Criando um mapa de humor**:
    - Comece com um nó central denominado "Mood Tracker".
    - Ramifique-se em diferentes estados de espírito ou emoções que você experimenta, como "Feliz", "Ansioso", "Triste", "Animado" e "Frustrado".
    - Sob cada humor, liste eventos, situações ou atividades específicas que normalmente desencadeiam esse humor.
    - Use cores para representar diferentes estados de espírito, tornando o mapa visualmente claro e fácil de interpretar.
- **Registro diário de humor**:
    - Crie um mapa mental diário de registro de humor.
    - Comece com um nó central denominado "Registro diário de humor".
    - Divida em dias da semana.

- Em cada dia, liste o(s) humor(es) predominante(s) que você experimentou e quaisquer eventos ou gatilhos significativos.
- Esse acompanhamento diário ajuda a identificar padrões e entender como diferentes fatores influenciam seu humor.

2. **Identificando gatilhos emocionais**

- **Mapeando gatilhos**:
  - Crie um mapa mental focado em gatilhos emocionais.
  - Comece com um nó central denominado "gatilhos emocionais".
  - Ramifique-se em diferentes categorias de gatilhos, como "estresse no trabalho", "problemas de relacionamento", "preocupações com a saúde", "preocupações financeiras" e "fatores ambientais".
  - Em cada categoria, liste gatilhos específicos. Por exemplo, em "Estresse no trabalho", você pode incluir "Prazos", "Alta carga de

trabalho" e "Conflitos com colegas".

- ○ **Desenvolvendo estratégias de enfrentamento**:
  - Para cada gatilho, crie sub-ramos que descrevam estratégias de enfrentamento.
  - Por exemplo, em "Prazos", você pode listar estratégias como "Priorizar tarefas", "Dividir o trabalho em etapas menores" e "Fazer pausas curtas".
  - Essa abordagem ajuda você a se preparar e gerenciar os gatilhos emocionais de maneira eficaz.

3. **Refletindo sobre padrões emocionais**

- ○ **Criando um mapa de reflexão emocional**:
  - Comece com um nó central denominado "Reflexão Emocional".
  - Divida em intervalos de tempo diferentes, como "Diário", "Semanal" e "Mensal".
  - Em cada período de tempo, liste as emoções predominantes que você experimentou e quaisquer

insights ou reflexões significativas.

- Use símbolos ou cores para destacar padrões recorrentes ou mudanças emocionais significativas.

○ **Identificando Tendências**:

- Crie um mapa mental para identificar tendências em seus padrões emocionais.

- Comece com um nó central denominado "Tendências emocionais".

- Ramifique-se em diferentes categorias, como "Tendências Positivas" e "Tendências Negativas".

- Em cada categoria, liste tendências específicas que você notou. Por exemplo, em "Tendências Positivas", você pode incluir "Maior Felicidade com Exercício Regular".

- Esta análise ajuda você a compreender como diferentes fatores influenciam suas emoções e a ajustar suas estratégias de autocuidado de acordo.

Ao incorporar o mapeamento mental em suas práticas de autocuidado e atenção plena, você pode criar rotinas estruturadas, monitorar seu humor e gatilhos emocionais e desenvolver estratégias eficazes de enfrentamento. Essa abordagem visual e organizada ajuda você a priorizar seu bem-estar e alcançar uma vida equilibrada e plena.

Capítulo 8

Gerenciamento de estresse

Gerenciar o estresse é vital para manter a saúde física e mental, especialmente para mulheres com TDAH. O mapeamento mental pode ser uma ferramenta valiosa para identificar estressores, explorar mecanismos de enfrentamento e organizar técnicas de relaxamento. Este capítulo irá guiá-lo sobre como usar o mapeamento mental para gerenciar o estresse de maneira eficaz.

Identificando fatores de estresse e mecanismos de enfrentamento

Compreender as fontes do seu estresse e desenvolver estratégias para gerenciá-las pode reduzir significativamente o impacto delas em sua vida.

1. **Identificando Estressores**

   - **Criando um Mapa de Estressores**:
     - Comece com um nó central denominado "Estressores".
     - Ramifique-se em diferentes categorias de estressores, como "Trabalho", "Relacionamentos",

"Saúde", "Finanças" e "Vida Diária".

- ■ Em cada categoria, liste estressores específicos. Por exemplo, em "Trabalho", você pode incluir "Prazos", "Horas extras", "Carga de trabalho" e "Conflito com colegas".
- ■ Use cores para diferenciar as categorias e destacar fatores estressantes particularmente graves ou frequentes.

- ○ **Rastreando os estressores ao longo do tempo**:
  - ■ Crie um mapa mental para rastrear os estressores ao longo do tempo.
  - ■ Comece com um nó central denominado "Stress Tracker".
  - ■ Dívida em intervalos de tempo diferentes, como "Diário", "Semanal" e "Mensal".
  - ■ Em cada período, liste os fatores estressantes que você encontrou e o impacto deles no seu humor e bem-estar.
  - ■ Esse rastreamento ajuda a identificar padrões e compreender como diferentes fatores

influenciam seus níveis de estresse.

2. Explorando mecanismos de enfrentamento

- **Mapeando estratégias de enfrentamento**:
    - Comece com um nó central denominado "Mecanismos de enfrentamento".
    - Ramifique-se em diferentes categorias de estratégias de enfrentamento, como "Atividades Físicas", "Técnicas Mentais", "Apoio Emocional" e "Soluções Práticas".
    - Em cada categoria, liste estratégias específicas. Por exemplo, em "Atividades Físicas", você pode incluir "Exercício", "Ioga", "Caminhada" e "Respiração Profunda".
    - Use cores e símbolos para representar diferentes tipos de mecanismos de enfrentamento e sua eficácia.
- **Personalizando estratégias de enfrentamento**:

- Crie um mapa mental para personalizar suas estratégias de enfrentamento.
- Comece com um nó central denominado "Minhas estratégias de enfrentamento".
- Ramifique-se em diferentes estressores ou categorias de estresse.
- Em cada ramo, liste os mecanismos de enfrentamento que você considerou eficazes para gerenciar aquele estressor específico.
- Essa abordagem personalizada ajuda você a desenvolver um plano de gerenciamento de estresse personalizado que funcione melhor para você.

Criando um mapa mental para técnicas de relaxamento

As técnicas de relaxamento são essenciais para reduzir o estresse e promover o bem-estar geral. O mapeamento mental pode ajudá-lo a explorar e organizar vários métodos de relaxamento.

1.   **Explorando técnicas de relaxamento**

- ○ **Criando um Mapa de Relaxamento**:
    - Comece com um nó central denominado "Técnicas de relaxamento".
    - Ramifique-se em diferentes categorias de métodos de relaxamento, como "Relaxamento Físico", "Relaxamento Mental", "Relaxamento Sensorial" e "Relaxamento Criativo".
    - Em cada categoria, liste técnicas específicas. Por exemplo, em "Relaxamento Físico", você pode incluir "Relaxamento Muscular Progressivo", "Alongamento", "Massagem" e "Banho Quente".
    - Use cores e símbolos para diferenciar categorias e destacar técnicas que você considera particularmente reconfortantes.
- ○ **Técnicas de detalhamento**:
    - Para cada técnica de relaxamento, crie sub-ramos que descrevam as etapas ou componentes da técnica.
    - Por exemplo, em "Relaxamento muscular progressivo", você pode

listar etapas como "Encontrar um espaço tranquilo", "Sente-se ou deite-se confortavelmente", "Grupos musculares tensos" e "Relaxe os grupos musculares".

■ Essa abordagem detalhada ajuda você a compreender e praticar cada técnica de maneira eficaz.

2. **Planejando sessões de relaxamento**

○ **Agendando um horário de relaxamento**:
   ■ Crie um mapa mental para planejar e agendar sessões de relaxamento.
   ■ Comece com um nó central denominado "Programação de Relaxamento".
   ■ Divida em intervalos de tempo diferentes, como "Diário", "Semanal" e "Mensal".
   ■ Em cada período, liste as técnicas de relaxamento que você planeja praticar e os horários específicos que dedicará a elas.
   ■ Esse planejamento garante que você reserve um tempo

regularmente para relaxar e recarregar as energias.

- **Combinando Técnicas**:
    - Use um mapa mental para combinar diferentes técnicas de relaxamento em uma rotina de relaxamento abrangente.
    - Comece com um nó central denominado "Rotina de Relaxamento".
    - Dívida em diferentes blocos de tempo, como "Manhã", "Tarde" e "Noite".
    - Em cada bloco de tempo, liste as técnicas de relaxamento que você planeja praticar.
    - Por exemplo, sua rotina "Manhã" pode incluir "Meditação" e "Alongamento", enquanto sua rotina "Noite" pode incluir "Banho Quente" e "Leitura".
    - Essa abordagem abrangente ajuda você a integrar o relaxamento em sua vida diária.

3. Refletindo sobre técnicas de relaxamento

- **Criando um Mapa de Reflexão**:

- Comece com um nó central denominado "Reflexão de Relaxamento".
- Dívida em intervalos de tempo diferentes, como "Diário", "Semanal" e "Mensal".
- Em cada período, liste as técnicas de relaxamento que você praticou e o impacto delas nos seus níveis de estresse e bem-estar.
- Use símbolos ou cores para indicar a eficácia de cada técnica e quaisquer ajustes que você planeja fazer.

- **Identificando Tendências e Ajustes**:
  - Crie um mapa mental para identificar tendências e fazer ajustes nas suas técnicas de relaxamento.
  - Comece com um nó central denominado "Tendências de relaxamento".
  - Divida-se em diferentes categorias, como "Técnicas mais eficazes", "Técnicas menos eficazes" e "Novas técnicas para experimentar".

- Em cada categoria, liste observações e ajustes específicos. Por exemplo, em "Técnicas mais eficazes", você pode incluir "Respiração profunda antes de dormir".
- Esta análise ajuda você a refinar suas práticas de relaxamento e descobrir o que funciona melhor para você.

Ao incorporar o mapeamento mental em suas práticas de gerenciamento de estresse, você pode identificar os estressores, desenvolver mecanismos eficazes de enfrentamento e explorar várias técnicas de relaxamento. Esta abordagem estruturada e visual ajuda a gerir o stress de forma mais eficaz, promovendo um estilo de vida equilibrado e saudável.

Capítulo 9

Construindo relacionamentos saudáveis

Relacionamentos saudáveis são vitais para o bem-estar emocional e a felicidade geral, especialmente para mulheres com TDAH que podem enfrentar desafios únicos na comunicação e na dinâmica do relacionamento. O mapeamento mental pode ser uma ferramenta poderosa para melhorar as estratégias de comunicação e compreender a dinâmica do relacionamento. Este capítulo irá orientá-lo sobre como usar o mapeamento mental para promover relacionamentos saudáveis.

Mapeando estratégias de comunicação

A comunicação eficaz é a base de qualquer relacionamento saudável. O mapeamento mental pode ajudá-lo a desenvolver e visualizar estratégias para aprimorar suas habilidades de comunicação.

1. **Identificando Estilos de Comunicação**

    o **Criando um Mapa de Estilo de Comunicação:**

- Comece com um nó central denominado "Estilos de comunicação".
- Ramifique-se em diferentes estilos de comunicação, como "Assertivo", "Passivo", "Agressivo" e "Passivo-Agressivo".
- Em cada estilo, liste características e exemplos. Por exemplo, em "Assertivo", você pode incluir "Expressa claramente as necessidades", "Respeita os outros" e "Mantém contato visual".
- Use cores e símbolos para diferenciar os estilos e destacar aquele que você pretende adotar.

- **Auto-avaliação**:
  - Crie um mapa mental para avaliar seu estilo de comunicação atual.
  - Comece com um nó central denominado "Meu estilo de comunicação".
  - Ramifique-se em diferentes situações, como "No trabalho", "Com a família", "Com amigos" e "Em conflito".

- Em cada situação, liste seus comportamentos típicos de comunicação e identifique quaisquer padrões ou áreas de melhoria.

2. **Desenvolvendo técnicas de comunicação eficazes**

- **Mapeando Técnicas de Comunicação**:
  - Comece com um nó central denominado "Técnicas de Comunicação".
  - Ramifique-se em diferentes técnicas, como "Escuta Ativa", "Expressão Clara", "Comunicação Não-Verbal" e "Feedback".
  - Em cada técnica, liste estratégias específicas. Por exemplo, em "Escuta Ativa", você pode incluir "Manter contato visual", "Acenar com a cabeça para mostrar compreensão" e "Parafrasear para confirmar a compreensão".
  - Use cores e símbolos para enfatizar estratégias e técnicas importantes.
- **Criando Planos de Comunicação**:

- Use um mapa mental para desenvolver planos de comunicação para situações específicas.

- Comece com um nó central denominado "Plano de Comunicação".

- Ramifique-se em diferentes cenários, como "Discutir necessidades", "Resolver conflitos" e "Dar feedback".

- Em cada cenário, liste as etapas e técnicas que você usará para se comunicar de maneira eficaz.

- Por exemplo, em "Resolver conflitos", você pode incluir etapas como "Manter a calma", "Ouvir ativamente", "Expressar sentimentos com clareza" e "Buscar uma solução mutuamente benéfica".

3. **Melhorando a comunicação não verbal**

   - **Mapeando pistas não-verbais**:
     - Crie um mapa mental para explorar dicas de comunicação não-verbal.

- Comece com um nó central denominado "Comunicação Não Verbal".
- Ramifique-se em diferentes tipos de dicas não-verbais, como "linguagem corporal", "expressões faciais", "gestos" e "tom de voz".
- Em cada tipo, liste dicas específicas e seus significados. Por exemplo, em "Linguagem corporal", você pode incluir "Braços cruzados (defensivo)", "Postura aberta (receptiva)" e "Inclinado para frente (interesse)".
- Use imagens ou ícones para representar visualmente cada sugestão.
- **Praticando comunicação não verbal**:
  - Crie um mapa mental para praticar e melhorar suas habilidades de comunicação não-verbal.
  - Comece com um nó central denominado "Prática Não Verbal".
  - Ramifique-se em diferentes áreas, como "Contato visual", "Postura", "Gestos" e "Expressões faciais".

- Em cada área, liste exercícios ou práticas específicas. Por exemplo, em "Contato visual", você pode incluir "Mantenha contato visual por 5 segundos", "Pratique com um espelho" e "Observe os outros".
- Essa abordagem estruturada ajuda você a aprimorar sua comunicação não verbal e tornar suas interações mais eficazes.

Compreendendo a dinâmica do relacionamento

Compreender a dinâmica de seus relacionamentos pode ajudá-lo a navegar neles de maneira mais eficaz e a promover conexões mais saudáveis.

1. **Mapeando Dinâmicas de Relacionamento**

   - **Criando um Mapa de Relacionamento**:
     - Comece com um nó central denominado "Dinâmica de Relacionamento".
     - Ramifique-se em diferentes tipos de relacionamento, como

"Família", "Amigos", "Parceiros românticos" e "Colegas".

■ Em cada tipo, liste as principais dinâmicas e interações. Por exemplo, em "Família", você pode incluir "Expectativas dos pais", "Rivalidade entre irmãos" e "Padrões de comunicação".

■ Use cores e símbolos para representar dinâmicas positivas e negativas.

○ **Analisando Padrões de Relacionamento**:

■ Crie um mapa mental para analisar padrões em seus relacionamentos.

■ Comece com um nó central denominado "Padrões de Relacionamento".

■ Ramifique-se em diferentes fatores, como "Comunicação", "Conflito", "Apoio" e "Limites".

■ Sob cada fator, liste padrões específicos que você observou em diferentes relacionamentos.

■ Por exemplo, em "Conflito", você pode observar padrões como "Evitar relacionamentos románticos" ou "Discussões frequentes com irmãos".

- Essa análise ajuda a identificar áreas de melhoria e a compreender a dinâmica subjacente de seus relacionamentos.

2. **Definindo Limites**

- **Mapeando Limites**:
  - Comece com um nó central denominado "Definindo Limites".
  - Ramifique-se em diferentes áreas onde você precisa estabelecer limites, como "Emocional", "Físico", "Tempo" e "Espaço Pessoal".
  - Em cada área, liste limites específicos. Por exemplo, em "Emocional", você pode incluir "Expressar sentimentos abertamente", "Limitar interações negativas" e "Buscar respeito mútuo".
  - Use cores e símbolos para representar diferentes tipos de limites e sua importância.
- **Comunicando Limites**:

- Crie um mapa mental para planejar como comunicar seus limites.
- Comece com um nó central denominado "Limites de comunicação".
- Ramifique-se em diferentes cenários, como "Com a família", "Com amigos", "No trabalho" e "Em relacionamentos românticos".
- Em cada cenário, liste as etapas e estratégias que você usará para comunicar seus limites de forma clara e assertiva.
- Por exemplo, em "No trabalho", você pode incluir etapas como "Agendar uma reunião", "Explicar o limite", "Fornecer motivos" e "Buscar acordo".
- Essa abordagem estruturada ajuda você a comunicar com eficácia seus limites e garantir que eles sejam respeitados.

3. Melhorando a qualidade do relacionamento

- ○ **Mapeando Metas de Relacionamento:**

- Comece com um nó central denominado "Metas de Relacionamento".
- Ramifique-se em diferentes tipos de relacionamento, como "Família", "Amigos", "Parceiros românticos" e "Colegas".
- Em cada tipo, liste as metas específicas que você deseja alcançar. Por exemplo, em "Amigos", você pode incluir "Passar mais tempo de qualidade juntos", "Apoiar mais" e "Resolver conflitos amigavelmente".
- Use cores e símbolos para representar metas de curto e longo prazo.

- **Planejando atividades de relacionamento**:
  - Crie um mapa mental para planejar atividades que melhorem a qualidade de seus relacionamentos.
  - Comece com um nó central denominado "Atividades de relacionamento".

- Ramifique-se em diferentes tipos de atividades, como "Tempo de qualidade", "Ações de apoio", "Resolução de conflitos" e "Celebrações".

- Em cada tipo, liste atividades específicas. Por exemplo, em "Tempo de qualidade", você pode incluir "Datas semanais para café", "Hobbies compartilhados" e "Check-ins regulares".

- Esse planejamento ajuda você a priorizar e investir em atividades que fortaleçam seus relacionamentos.

Ao incorporar o mapeamento mental em suas práticas de construção de relacionamento, você pode melhorar a comunicação, compreender a dinâmica do relacionamento e promover conexões mais saudáveis. Essa abordagem estruturada e visual ajuda você a navegar nos relacionamentos de maneira mais eficaz, promovendo o bem-estar emocional e a felicidade geral.

Parte 4

Histórias de sucesso da vida real

Capítulo 10

Entrevistas com mulheres que usam mapas mentais

Neste capítulo, exploraremos histórias de sucesso reais de mulheres de diversas origens que aproveitaram o poder do mapeamento mental para transformar suas vidas. Essas entrevistas destacam as diversas maneiras pelas quais o mapeamento mental pode impactar atividades pessoais, profissionais e acadêmicas, oferecendo inspiração e insights práticos para sua própria jornada.

Histórias de sucesso de diversas origens

1. **Sara: a empreendedora**

   - **Fundo**: Sarah é uma empreendedora de sucesso que dirige sua própria agência de marketing. Diagnosticada com TDAH aos 20 anos, Sarah lutou para organizar seus pensamentos e gerenciar seus negócios com eficiência.

- Desafios:
  - Dificuldade em priorizar tarefas
  - Sobrecarregue com o gerenciamento de projetos
  - Desafios de comunicação com sua equipe

- **Como o mapeamento mental ajudou**:
  - **Priorização de tarefas**: Sarah usa mapas mentais para dividir suas tarefas diárias e semanais. Ela começa com um nó central para a semana e se ramifica em projetos de clientes, tarefas internas e compromissos pessoais. Essa organização visual a ajuda a priorizar de forma eficaz.
  - **Gerenciamento de projetos**: Para cada projeto do cliente, Sarah cria um mapa mental detalhado descrevendo o cronograma do projeto, os marcos, as entregas e as responsabilidades da equipe. Essa estrutura mantém sua equipe

alinhada e os projetos no caminho certo.

- **Comunicação da equipe**: Sarah conduz sessões de brainstorming com sua equipe usando mapas mentais. Esta ferramenta colaborativa permite que todos contribuam com ideias e visualizem o progresso do projeto, melhorando a comunicação e colaboração geral.

- **Impacto na vida**: O mapeamento mental permitiu que Sarah gerenciasse seus negócios de maneira mais eficaz, reduzisse o estresse e promovesse um ambiente de equipe mais produtivo e coeso.

2. **Emily: a estudante de pós-graduação**

- **Fundo**: Emily é uma estudante de pós-graduação em psicologia que foi diagnosticada com TDAH durante sua graduação. Ela enfrentou desafios para se manter organizada, gerenciar seus cursos e se preparar para os exames.

- ○ **Desafios**:
  - ■ Organizando extensos materiais de pesquisa
  - ■ Planejando e escrevendo tese
  - ■ Preparação para exame

- ○ **Como o mapeamento mental ajudou**:
  - ■ **Organização de Pesquisa**: Emily usa mapas mentais para organizar seus materiais de pesquisa. Ela cria um nó central para o tópico de sua tese e se ramifica em vários subtópicos, listando os principais artigos, teorias e descobertas em cada ramo. Este método permite que ela veja conexões entre diferentes informações e estruture sua revisão de literatura de maneira eficaz.
  - ■ **Planejamento de Tese**: Para sua tese, Emily cria um mapa mental detalhado descrevendo cada capítulo e seção. Ela divide cada parte em tarefas menores, como revisão de literatura, metodologia,

análise de dados e discussão. Esse detalhamento a ajuda a administrar seu tempo e progredir de forma constante.

■ **Preparação para exames**: Emily cria mapas mentais para cada assunto, resumindo conceitos-chave, teorias e detalhes importantes. Este resumo visual a ajuda a revisar com eficiência e reter melhor as informações.

o **Impacto na vida**: O mapeamento mental ajudou Emily a se manter organizada, gerenciar sua carga de trabalho acadêmica e alcançar sucesso acadêmico com menos estresse e maior confiança.

3. **Lily: a mãe trabalhadora**

o **Fundo**: Lily é uma mãe trabalhadora de dois filhos que concilia sua carreira financeira com responsabilidades familiares. Diagnosticada com TDAH aos 30 e poucos anos, Lily lutou para equilibrar seu trabalho e sua vida doméstica.

- **Desafios**:
  - Gestão do tempo entre trabalho e família
  - Planejando atividades e responsabilidades familiares
  - Gerenciando tarefas domésticas
- **Como o mapeamento mental ajudou**:
  - **Gerenciamento de tempo**: Lily usa mapas mentais para planejar sua programação semanal. Ela cria um nó central para a semana e se divide em tarefas de trabalho, atividades familiares e tempo pessoal. Isso a ajuda a alocar o tempo de maneira eficaz e garante um equilíbrio entre sua vida profissional e pessoal.
  - **Planejamento familiar**: Para atividades e responsabilidades familiares, Lily cria um mapa mental que inclui ramificações para a agenda, tarefas e atividades de cada membro da família. Essa abordagem colaborativa ajuda a família a se manter organizada e

garante que todos conheçam suas responsabilidades.

- **Gestão Doméstica**: Lily cria mapas mentais para tarefas domésticas, dividindo-os em tarefas diárias, semanais e mensais. Essa organização visual a ajuda a administrar a casa com mais eficiência e a delegar tarefas aos familiares.

- **Impacto na vida**: O mapeamento mental permitiu que Lily alcançasse um melhor equilíbrio entre vida pessoal e profissional, reduzisse a sobrecarga e criasse uma vida familiar mais organizada e harmoniosa.

4. **Maya: o profissional criativo**

- **Fundo**: Maya é uma designer gráfica que trabalha como freelancer. Diagnosticada com TDAH na adolescência, Maya enfrentou desafios para manter o foco nos projetos, gerenciar prazos e promover a criatividade.

- ○ **Desafios**:
    - ■ Manter o foco em projetos de design
    - ■ Cumprindo os prazos do cliente
    - ■ Estimulando ideias criativas

- ○ **Como o mapeamento mental ajudou**:
    - ■ **Foco do Projeto**: Maya usa mapas mentais para delinear cada projeto de design. Ela cria um nó central para o projeto e se ramifica em requisitos do cliente, ideias de design, cronogramas e resultados. Essa estrutura a mantém focada e garante que ela atenda às expectativas do cliente.
    - ■ **Gerenciamento de Prazos**: Para cada projeto, o Maya cria um mapa mental detalhado da linha do tempo. Ela divide o projeto em fases e tarefas, atribuindo prazos a cada uma. Esse plano visual a ajuda a se manter no caminho certo e cumprir os prazos de forma consistente.
    - ■ **Promovendo a Criatividade**: Maya usa mapas mentais para

debater ideias de design. Ela começa com um tema central e se ramifica em diferentes conceitos, esquemas de cores e elementos de design. Essa visualização fluida estimula sua criatividade e a ajuda a gerar ideias únicas.

- **Impacto na vida**: O mapeamento mental ajudou Maya a manter o foco em seus projetos, gerenciar seu tempo de maneira eficaz e aumentar sua criatividade, levando a uma carreira freelance de sucesso.

Como o mapeamento mental impactou suas vidas

As histórias de sucesso de Sarah, Emily, Lily e Maya demonstram o poder transformador do mapeamento mental para mulheres com TDAH. Ao incorporar mapas mentais em suas rotinas diárias, essas mulheres foram capazes de:

- **Melhorar a organização**: O mapeamento mental fornece uma maneira visual e estruturada de organizar tarefas, projetos e responsabilidades, reduzindo a sobrecarga e melhorando a eficiência.

- **Melhore o gerenciamento do tempo**: Ao dividir tarefas e programar atividades, o mapeamento mental ajuda a gerenciar o tempo de forma mais eficaz e garante um equilíbrio entre as diferentes áreas da vida.

- **Aumente a criatividade**: O mapeamento mental estimula o pensamento criativo e a geração de ideias, facilitando o brainstorming e o desenvolvimento de soluções inovadoras.

- **Fortalecer a comunicação**: O mapeamento mental facilita uma comunicação mais clara e eficaz, seja em ambientes profissionais ou em relacionamentos pessoais.

- **Alcançar metas**: Ao definir metas claras e delinear etapas viáveis, o mapeamento mental ajuda as mulheres com TDAH a permanecerem focadas e motivadas, levando à realização bem-sucedida de suas aspirações.

Essas histórias destacam que o mapeamento mental não é apenas uma ferramenta de organização, mas uma estratégia poderosa para o crescimento pessoal e profissional. Nos próximos capítulos, exploraremos mais exemplos da vida real e forneceremos dicas práticas sobre como você pode aplicar mapas mentais a vários aspectos da sua vida, capacitando-o em sua jornada com TDAH.

Capítulo 11

Testemunhos Pessoais

Neste capítulo, apresentamos relatos anônimos de leitores que adotaram o mapeamento mental como ferramenta para gerenciar seu TDAH. Esses testemunhos pessoais oferecem dicas práticas, lições aprendidas e conselhos para os recém-chegados. Cada história reflete os desafios e vitórias únicos vividos por mulheres com TDAH, demonstrando as diversas maneiras pelas quais o mapeamento mental pode ser integrado à vida diária.

Contas anônimas e dicas de leitores

1. **Conta 1: O Profissional Ocupado**

   o **Desafios**: Equilibrar uma carreira exigente com a vida pessoal.

   o **Como o mapeamento mental ajudou**:
      - **Gerenciamento diário de tarefas**: "Eu uso um mapa mental diário para listar minhas tarefas. Cada dia, começo com um nó central rotulado com a data e me

ramifico em diferentes categorias: Trabalho, Pessoal e Recados. Essa estrutura me ajuda a visualizar meu dia e priorizar tarefas ."

- **Preparação para reuniões**: "Antes de reuniões importantes, crio um mapa mental para delinear a agenda, os pontos-chave e as perguntas que preciso fazer. Essa preparação me deixa mais confiante e garante que não me esqueça de nada importante."

- **Pontas**: "Comece aos poucos. Use o mapeamento mental primeiro para as tarefas diárias e, quando estiver confortável, expanda para projetos maiores. Além disso, mantenha seus mapas simples e organizados para evitar se sentir sobrecarregado."

2. **Conta 2: A mãe que fica em casa**

- **Desafios**: Gerenciar as responsabilidades domésticas e cuidar dos filhos.

- ○ **Como o mapeamento mental ajudou**:
  - ■ **Gerenciamento de tarefas**: "Criei um mapa mental para as tarefas domésticas, dividido em tarefas diárias, semanais e mensais. Cada membro da família tem seu próprio ramo com tarefas atribuídas. Essa programação visual facilita a compreensão de cada um sobre suas responsabilidades."
  - ■ **Atividades familiares**: "Usamos mapas mentais para planejar atividades e passeios familiares. Cada mapa inclui atividades potenciais, locais e preparativos necessários. Isso tornou o planejamento divertido e envolvente para toda a família."

- ○ **Pontas**: "Envolva sua família no processo. Quando todos contribuem para o mapa mental, isso cria um senso de responsabilidade compartilhada e faz com que as tarefas pareçam menos pesadas."

3.   **Conta 3: O Aluno**

○ **Desafios**: Manter-se organizado com cursos e preparação para exames.

○ **Como o mapeamento mental ajudou**:
  ■ **Planos de estudo**: "Eu uso mapas mentais para criar planos de estudo para cada disciplina. Começo com o nome da disciplina no centro e ramifico em tópicos, subtópicos e conceitos-chave. Isso me ajuda a ter uma visão geral e garante que cobrirá todo o material necessário. "
  ■ **Redação de ensaio**: "Para trabalhos dissertativos, descrevo minha tese, argumentos principais e evidências de apoio usando um mapa mental. Este método mantém minha escrita focada e bem estruturada."

- ○ **Pontas**: "Use cores diferentes para diferentes ramos para separar visualmente os tópicos. Isso torna seu mapa mental mais envolvente e fácil de navegar durante as sessões de estudo."

4. **Conta 4: O Artista**

- ○ **Desafios**: Gerenciando projetos criativos e encontrando inspiração.

- ○ **Como o mapeamento mental ajudou**:
  - ■ **Planejamento de Projeto**: "Mapeou cada projeto de arte, começando com um tema central e ramificando-me em materiais, técnicas e prazos. Isso me ajuda a me manter organizado e acompanhar meu progresso."
  - ■ **Geração de ideias**: "Quando procuro inspiração, crio mapas mentais para debater temas e conceitos. Cada ramo explora uma ideia diferente, o que ajuda a despertar minha criatividade."

- ○ **Pontas**: "Não tenha medo de deixar seus mapas mentais serem confusos e coloridos. O processo criativo pode ser caótico e os mapas mentais devem refletir isso. Use-os como um espaço para explorar ideias livremente."

Lições aprendidas e conselhos para recém-chegados

1. **Abrace a flexibilidade**

   - ○ **Lição**: "Os mapas mentais são incrivelmente flexíveis. Eles podem ser tão detalhados ou tão simples quanto você precisar. Não se preocupe em torná-los perfeitos; deixe seus mapas mentais evoluem com você."
   - ○ **Conselho**: "Comece com um mapa simples para uma única tarefa ou projeto. À medida que você se sentir mais confortável, poderá adicionar mais detalhes e complexidade."

2. **Consistência é a chave**

   - ○ **Lição**: "A consistência no uso de mapas mentais é crucial. Quanto mais você os usa, mais naturais e eficazes eles se tornam."

- ○ **Conselho**: "Faça do mapeamento mental um hábito diário. Reserve alguns minutos todos os dias para atualizar seus mapas e planejar suas tarefas."

3. **Personalize seus mapas mentais**

- ○ **Lição**: "Os mapas mentais devem refletir seu estilo e preferências pessoais. Personalize-os para atender às suas necessidades."
- ○ **Conselho**: "Use cores, símbolos e imagens que ressoem em você. Essa personalização torna o mapeamento mental mais agradável e significativo."

4. **Integre mapas mentais com outras ferramentas**

- ○ **Lição**: "Os mapas mentais podem ser integrados a outras ferramentas organizacionais, como calendários e listas de tarefas, para maior eficácia."
- ○ **Conselho**: "Use mapas mentais para fazer brainstorming e planejar e, em seguida, transfira itens acionáveis para seu calendário ou gerenciador de tarefas. Essa

integração mantém você organizado e no caminho certo."

5. **Use mapas mentais para reflexão**

   - **Lição**: "Os mapas mentais não servem apenas para planejamento; eles também são ótimos para reflexão e revisão."
   - **Conselho**: "Crie mapas mentais para refletir sobre projetos concluídos ou objetivos pessoais. Analise o que funcionou bem e o que pode ser melhorado. Esta prática ajuda você a aprender e crescer."

No próximo capítulo, nos aprofundaremos em técnicas avançadas de mapeamento mental e exploraremos como maximizar os benefícios dessa ferramenta poderosa em vários aspectos da vida.

Parte 5

Primeiros passos com sua própria jornada de mapeamento mental

Capítulo 12

Guia passo a passo para criar seu primeiro mapa mental

Embarcar em sua jornada de mapeamento mental pode ser uma experiência emocionante e transformadora. Este capítulo fornece um guia passo a passo para ajudá-lo a criar seu primeiro mapa mental, completo com instruções detalhadas, exemplos e dicas para superar os obstáculos iniciais. Quer você seja novo no mapeamento mental ou esteja procurando aprimorar suas habilidades, essas etapas práticas o colocarão no caminho do sucesso.

Instruções detalhadas e exemplos

1. **Escolha o seu tópico**

   - **Comece simples**: selecione um tópico que seja direto e relevante para suas necessidades atuais. Pode ser uma lista de tarefas diárias, um plano de projeto ou um brainstorming de ideias para um objetivo pessoal.
   - **Exemplo**: Vamos criar um mapa mental para planejar uma viagem de fim de semana.

2. **Reúna seus materiais**

- o **Ferramentas necessárias**: você pode criar um mapa mental usando papel e canetas coloridas ou pode usar ferramentas digitais, como software ou aplicativos de mapeamento mental.
- o **Exemplos de ferramentas digitais**: MindMeister, XMind, MindNode e FreeMind.

3. **Crie o nó central**

- o **Comece pelo Centro**: No meio da sua página ou tela digital, anote o tema principal. Este nó central é o ponto de partida do seu mapa mental.
- o **Exemplo**: Escreva "Viagem de fim de semana" no centro e desenhe um círculo ao redor.

4. **Adicionar filiais principais**

- o **Identifique as principais categorias**: Pense nas principais categorias relacionadas ao seu tema. Estas serão as ramificações de primeiro nível que irradiam do nó central.

○ **Exemplo**: para a "Viagem de fim de semana", você pode ter ramificações como "Destino", "Acomodação", "Atividades" e "Lista de embalagem".

5.   **Expanda com sub-ramos**

○ **Dividir categorias**: para cada ramificação principal, adicione sub-ramos para dividir a categoria em detalhes menores e mais específicos.

○ **Exemplo**: em "Destino", adicione sub-ramos como "Cidade", "Transporte" e "Tempo de viagem". Em "Acomodação", adicione "Opções de hotel", "Detalhes da reserva" e "Orçamento".

6.   **Use cores e imagens**

○ **Melhore o apelo visual**: use cores diferentes para cada ramo para tornar seu mapa mental visualmente atraente e mais fácil de navegar. Adicione imagens ou ícones para representar pontos-chave.

○ **Exemplo**: Use azul para o ramo "Destino", verde para "Alojamento" e assim por diante. Adicione a imagem de uma mala ao lado de "Lista de embalagem".

7. **Revise e revise**

  o **Verifique a integridade**: revise seu mapa mental para garantir que todos os detalhes relevantes sejam incluídos. Revise e adicione mais ramificações ou sub-ramos, se necessário.

  o **Exemplo**: certifique-se de ter coberto todos os aspectos do planejamento da sua viagem, desde os preparativos da viagem até o essencial para fazer a mala.

Dicas para superar obstáculos iniciais

1. **Comece pequeno e simples**

  o **Conselho**: comece com um tópico pequeno e administrável para evitar se sentir sobrecarregado. À medida que você se sentir mais confortável com o mapeamento mental, poderá abordar tópicos mais complexos.

  o **Exemplo**: comece com uma lista de tarefas diárias antes de passar para o planejamento do projeto.

2. **Pratique regularmente**

- ○ **Conselho**: Faça do mapeamento mental uma prática regular. Quanto mais você usar, mais natural ficará. Reserve um tempo todos os dias ou semanas para criar mapas mentais para diferentes finalidades.
- ○ **Exemplo**: Use mapas mentais para planejar sua programação semanal ou debater ideias para um novo projeto.

3. **Experimente ferramentas diferentes**

- ○ **Conselho**: Experimente diferentes ferramentas de mapeamento mental para encontrar aquela que funciona melhor para você. Experimente opções em papel e digitais para ver qual você prefere.
- ○ **Exemplo**: Use um caderno e canetas coloridas para alguns mapas mentais e experimente aplicativos digitais como MindMeister ou XMind para outros.

4. **Não se esforce pela perfeição**

- ○ **Conselho**: Lembre-se de que os mapas mentais são pessoais e podem ser tão confusos ou organizados quanto você desejar. Concentre-se em capturar suas ideias em vez de criar um visual perfeito.

- ○ **Exemplo**: Permita-se criar rascunhos e treiná-los mais tarde, se necessário.

5. **Use modelos e exemplos**

- ○ **Conselho**: procure modelos e exemplos de mapas mentais para se inspirar e entender diferentes maneiras de estruturar seus mapas. Muitas ferramentas de mapeamento mental oferecem modelos pré-fabricados para diversos fins.
- ○ **Exemplo**: Use um modelo de planejamento de viagem como ponto de partida para seu mapa mental de viagem de fim de semana.

6. **Incorporar feedback**

- ○ **Conselho**: Se você estiver usando mapas mentais para projetos colaborativos, busque feedback de outras pessoas. Isso pode fornecer novas perspectivas e ajudar a melhorar seus mapas mentais.
- ○ **Exemplo**: Compartilhe o mapa mental do seu projeto com colegas e peça opiniões e sugestões.

Exemplo: Criando um mapa mental para uma viagem de fim de semana

1. **Nó Central**: Escreva "Viagem de fim de semana" no centro.
2. **Filiais principais**:
   - **Destino**: Cidade, Transporte, Tempo de viagem
   - **Alojamento**: Opções de hotel, detalhes de reserva, orçamento
   - **Atividades**: Passeios turísticos, jantares, entretenimento
   - **Lista de embalagem**: Roupas, Artigos de Higiene Pessoal, Essenciais
3. **Sub-ramos**:
   - **Destino**:
     - Cidade: Paris
     - Transporte: Trem
     - Tempo de viagem: 3 horas
   - **Alojamento**:
     - Opções de hotéis: Hilton, Marriott
     - Detalhes da reserva: número de confirmação, horário de check-in
     - Orçamento: $ 300
   - **Atividades**:
     - Passeios turísticos: Torre Eiffel, Museu do Louvre

- ■ Jantar: Café de Flore, Le Júlio Verne
        - ■ Entretenimento: Cruzeiro no Rio Sena, Moulin Rouge
    - ○ **Lista de embalagem**:
        - ■ Roupas: Jeans, camisetas, jaqueta
        - ■ Artigos de higiene pessoal: escova de dentes, shampoo
        - ■ Essentials: passaporte, carteira, carregador de telefone

Seguindo essas etapas e dicas, você pode criar mapas mentais eficazes que ajudam a organizar seus pensamentos, gerenciar tarefas e atingir seus objetivos. O mapeamento mental é uma ferramenta versátil que pode ser adaptada para atender às suas necessidades e preferências exclusivas, permitindo que você aproveite todo o potencial do seu cérebro e navegue na sua jornada de TDAH com confiança.

Capítulo 13

Desenvolvendo um hábito de mapeamento mental

Criar o hábito de mapeamento mental pode mudar o jogo para mulheres com TDAH. Estabelecer essa prática de forma consistente ajudará você a gerenciar as tarefas diárias, reduzir o estresse e melhorar a produtividade geral. Este capítulo fornece estratégias para manter a consistência e a motivação, estabelecer metas realistas e celebrar o progresso.

Estratégias para consistência e motivação

1. **Comece com uma rotina**

   - **Conselho**: Integre o mapeamento mental em sua rotina diária ou semanal. Consistência é a chave para desenvolver qualquer novo hábito.
   - **Exemplo**: Reserve de 10 a 15 minutos todas as manhãs ou noites para criar ou atualizar seus mapas mentais. Isso pode fazer parte do seu planejamento diário ou do seu tempo de reflexão.

2. **Use lembretes e alarmes**

- o **Conselho**: use lembretes ou alarmes para solicitar que você trabalhe em seus mapas mentais. Solicitações consistentes podem ajudar a reforçar o hábito.
- o **Exemplo**: defina um lembrete diário em seu telefone ou calendário para passar o tempo mapeando a mente. Rotule-o como "Tempo de mapeamento mental" para criar um espaço dedicado para esta atividade.

3. **Crie um espaço dedicado**

- o **Conselho**: Designe um local específico para o mapeamento mental. Ter uma localização consistente pode facilitar a associação desse espaço à atividade.
- o **Exemplo**: Monte um canto aconchegante com uma cadeira confortável, uma mesa e seus materiais de mapeamento mental. Se preferir ferramentas digitais, prepare seu dispositivo com o aplicativo de mapeamento mental aberto.

4.   **Incorpore o mapeamento mental aos hábitos existentes**

- ○ **Conselho**: Vincule o mapeamento mental a um hábito estabelecido para facilitar sua adoção.
- ○ **Exemplo**: Se você tem o hábito de tomar café pela manhã, combine-o com uma rápida sessão de mapeamento mental. Com o tempo, as duas atividades ficarão naturalmente conectadas.

5.   **Mantenha-o divertido e envolvente**

- ○ **Conselho**: Torne o mapeamento mental agradável usando cores, imagens e elementos criativos. Mantê-lo divertido aumentará sua motivação para fazê-lo regularmente.
- ○ **Exemplo**: use canetas coloridas, adesivos ou ícones digitais para tornar seus mapas mentais visualmente atraentes e envolventes.

Estabelecendo metas realistas e comemorando o progresso

1. **Estabeleça metas pequenas e alcançáveis**

   - ○ **Conselho**: Comece com metas pequenas e gerenciáveis para criar confiança e impulso. Aumente gradualmente a complexidade e o escopo à medida que você se sentir mais confortável.
   - ○ **Exemplo**: comece mapeando mentalmente suas tarefas diárias. Quando estiver consistente com isso, prossiga para o planejamento de projetos ou para a definição de metas de longo prazo.

2. **Acompanhe seu progresso**

   - ○ **Conselho**: acompanhe suas atividades de mapeamento mental para monitorar seu progresso e identificar áreas de melhoria.
   - ○ **Exemplo**: Mantenha um diário ou registro digital de seus mapas mentais. Revise-o semanalmente para ver como

você está progredindo e faça os ajustes necessários.

3. **Comemore marcos**

o **Conselho**: Comemore suas conquistas, não importa quão pequenas sejam. Reconhecer seu progresso irá mantê-lo motivado e reforçar o hábito.

o **Exemplo**: Mime-se com algo agradável ao atingir um marco de mapeamento mental, como concluir um plano de projeto ou manter um hábito diário de mapeamento mental por um mês.

4. **Reflita sobre os benefícios**

o **Conselho**: Reflita regularmente sobre como o mapeamento mental impactou positivamente sua vida. Essa reflexão pode reforçar o hábito e mantê-lo motivado.

o **Exemplo**: Reserve alguns minutos por semana para registrar em um diário os benefícios que você obteve com o mapeamento mental, como melhor

organização, redução do estresse ou
melhor gerenciamento do tempo.

5.   **Ajustar e Adaptar**

- o **Conselho**: Seja flexível e esteja disposto a ajustar sua abordagem conforme necessário. Se algo não estiver funcionando, tente uma estratégia ou ferramenta diferente.
- o **Exemplo**: Se você achar difícil seguir uma rotina diária de mapeamento mental, tente mudar para uma sessão semanal ou incorporar o mapeamento mental em uma parte diferente do seu dia.

Exemplo: Definir metas realistas e comemorar o progresso

1.   **Meta inicial**: Crie um mapa mental diário durante uma semana.

- o **Passos**:
  - ■ Defina um lembrete diário.

- Passe 10 minutos todas as manhãs criando um mapa mental para as tarefas do dia.
- Acompanhe seu progresso em um diário.

2. **Verificação de progresso**: Depois de uma semana, revise seu diário para ver quão consistente você foi e anote quaisquer desafios ou sucessos.

3. **Próxima meta**: expanda para o planejamento de um pequeno projeto usando mapas mentais.

- **Passos**:
  - Escolha um projeto simples, como planejar um passeio em família ou organizar um espaço de trabalho.
  - Crie um mapa mental para delinear as etapas e o cronograma do projeto.
  - Revise e atualize o mapa mental regularmente.

4. **Celebração**: Ao final do projeto, comemore sua conquista. Mime-se com algo agradável, como um lanche favorito ou uma atividade relaxante.

5.   **Reflexão**: Reflita sobre como o mapeamento mental o ajudou no projeto. Observe quaisquer melhorias na organização, clareza ou níveis de estresse.

Seguindo essas estratégias e definindo metas realistas, você pode desenvolver um hábito consistente de mapeamento mental que aprimora sua capacidade de gerenciar tarefas, projetos e metas de maneira eficaz. Lembre-se de que a chave do sucesso é persistência e adaptabilidade. Comemore seu progresso, aprenda com suas experiências e continue a refinar sua prática de mapeamento mental.

Conclusão

Recapitulação e incentivo

Ao chegarmos à conclusão desta jornada, vamos parar um momento para refletir sobre as principais conclusões de "Mapeamento mental para mulheres com TDAH em adultos: Aproveitando todo o potencial do seu cérebro e capacitando sua jornada com TDAH". Este livro forneceu a você uma compreensão abrangente do mapeamento mental e seu profundo impacto no gerenciamento do TDAH.

Começamos explorando os desafios únicos enfrentados pelas mulheres com TDAH e o poder transformador da autoaceitação e autoconsciência. Investigamos o conceito de mapeamento mental, traçando sua história e descobrindo seus inúmeros benefícios. Desde a compreensão da ciência por trás do mapeamento mental e como ele envolve o cérebro com TDAH até o aprendizado sobre várias ferramentas e técnicas, você obteve insights valiosos sobre como incorporar efetivamente o mapeamento mental em sua vida.

Nos capítulos seguintes, examinamos as aplicações práticas do mapeamento mental em diferentes áreas da sua vida — pessoal, profissional, acadêmica e autocuidado. Você aprendeu como gerenciar rotinas diárias, organizar tarefas e projetos no trabalho, aumentar a criatividade, melhorar o gerenciamento do tempo e planejar rotinas de autocuidado. Também destacamos histórias de sucesso reais e testemunhos pessoais para inspirar e motivar você.

Ao embarcar em sua jornada de mapeamento mental, lembre-se de que o processo é exclusivo para você. Abrace a sua criatividade, seja paciente consigo mesmo e comemore cada marco, por menor que seja. As habilidades que você adquiriu irão capacitá-lo a navegar pelas complexidades do TDAH e aproveitar todo o potencial do seu cérebro.

Palavras de encorajamento e capacitação

Sua jornada com o TDAH é de resiliência, força e potencial infinito. O mapeamento mental é uma ferramenta poderosa que pode ajudá-lo a liberar sua criatividade, melhorar sua organização e atingir seus objetivos. É uma prova da sua capacidade de se adaptar e prosperar, apesar dos desafios que enfrenta.

Acredite em você e nas suas capacidades. Você tem o poder de transformar sua vida e transformar seus sonhos em realidade. Cada mapa mental que você cria é um passo em direção a uma vida mais organizada, focada e gratificante. Abrace a jornada, comemore seu progresso e continue aprendendo e crescendo.

Esperando ansiosamente

À medida que você continua sua jornada com o mapeamento mental, continue explorando, experimentando e refinando suas técnicas. Sempre há mais para aprender e descobrir. Os recursos e comunidades mencionados neste livro existem para apoiá-lo, fornecer inspiração e conectá-lo com outras pessoas que compartilham sua jornada.

Eu encorajo você a compartilhar suas experiências e histórias. Suas percepções e realizações únicas podem inspirar outras pessoas e contribuir para uma comunidade crescente de mulheres que estão se fortalecendo por meio de mapas mentais. Seja por meio de fóruns online, grupos de mídia social ou encontros locais, sua voz é importante e pode fazer a diferença.

Para encerrar, lembre-se de que você não está sozinho nesta jornada. Você faz parte de uma comunidade vibrante e solidária de mulheres que enfrentam os desafios do TDAH com coragem e determinação. Mantenha o mapeamento mental, mantenha-se motivado e continue a aproveitar todo o potencial do seu cérebro. Sua jornada está apenas começando e as possibilidades são ilimitadas.

Obrigado por embarcar nesta jornada comigo. Estou ansioso para ouvir sobre seus sucessos e ver os incríveis mapas mentais que você cria. Juntos, podemos capacitar-nos uns aos outros e fazer das nossas jornadas com TDAH uma fonte de força e inspiração.

www.ingramcontent.com/pod-product-compliance
Lightning Source LLC
Chambersburg PA
CBHW061641250726

48659CB00004B/1320